초발심 자경문 및 치문

불도 입문서 초발심자경문 및 치문

2018년 10월 3일 초판 1쇄 발행

글   의진 해돈 역해

펴낸이 이규만
편집디자인 124domedia
펴낸곳 불교시대사
출판등록 제1-1188호(1991년 3월 20일)

주소 서울시 종로구 인사동 7길 12 백상빌딩 1305호
전화 02-730-2500
펙스 02-723-5961
이메일 kyoon1003@hanmail.net
@의진 해돈, 2018
ISBN 978-89-8002-157-4 03220

불도 입문서
한글판

초발심 자경문 및 치문

의진義眞 해돈海暾 역해譯解

불교시대사
1% 나눔의 기쁨

한글판 《초발심자경문》과 《치문》 합본을 출간하면서

세상살이에서 어떤 계기로건 무상을 느껴 절로 출가해 삭발염의 削髮染衣한 행자 신분으로서 제일 처음 접하게 되는 도서道書가 《초발심자경문》이다. 따라서 《초발심자경문》은 구도자의 개론서에 해당된다고 하겠다.

그 중 첫째 장은 계율정신을 바탕으로 하여 수도 상 기본자세 확립을 강조하고, 둘째 장은 본격적으로 작심해서 주로 몸으로 수도하는 모습을 내보이고, 마지막 장엔 종합적으로 마음 공부하는데 주의할 점과 득각得覺을 위한 분발심을 역설함과 동시에 중생제도의 필요성을 얘기하고 있다.

행자신분을 끝내고 사미 예비 승 자격으로 강원에서 본격적으로 불교를 공부하게 될 때 대뜸 대하는 과목이 옛날엔 이《치문緇門》이었다. 이는 정식불도 수행자의 기본 소양서라 할 수 있다.

기본 소양을 못 갖춘 수선 구참자를 볼 때 조그만 것을 얻고, 큰 것을 놓쳐버려 기본이 빈약해 보이는 안쓰러운 감을 떨쳐버릴 수 없기도 하다. 일반 신자라도 불도 개론서 격인 이《초발심자경문》과 수행(信) 기본 소양서 격인《치문緇門》정도라도 해득하고 신행한다면 한결 더 이성적 바탕위의 이지적인 신행이 될 텐데 불교는 결코 무지가 아니라 지혜의 종교인 것을 감안하면 이 두 권만은 기본적으로 해득해야 하리라.

보고자해도 한문으로 되어 있거나 아니면 원문을 읽히기 위해 보조번역문을 써 놓아서 한글번역문 만을 읽기엔 한글문장도에 엄청 빗나가기가 일쑤여서 현 한글세대에겐 독파하기에 부담이 많기가 십상이다. 그리하여 이러한 문제로 인하여 처음부터 한글로 썼듯이 시종 좀 매끄럽게 읽히도록 여기에 한글판 초발심자경문 및 치문을 합본으로 인행해 봤습니다. 부족한 점이 많지만 우선 수요에 공하고자 합니다.

무술년 가을

의진義眞 해돈海暾 識.

목차

九. 선문

十. 시중(여러 사람에게 훈시함)

十一. 게송(시 형식의 찬양문)

十二. 호법(불법을 보호함)

十三. 잡록

부록

초발심 자경문

불교에 처음 들어온 이(발심인)를 훈계하는 글
(誡初心學入門)

무릇 처음 불교를 믿고 닦는 이는 반드시 나쁜 사람을 멀리 여의고 현명한 이, 착한 이를 가까이해야 하고 오계(살생, 도둑, 음행, 망언, 음주)나 십계(오계+불(향화, 가무, 좌고상, 비시식, 착장신구)등을 받아 지녀 그것을 상황에 따라 굳게 지킬 때와 범할 때를 잘 알아야 하느니라.

부처님과 선지식의 말씀을 오로지 따를지언정 용렬한 무리의 망령된 말은 따르지 말지어다. 이미 발심 출가하여 깨끗한 대중 가운데 어울린 이상 늘 부드럽고 온화하며 착하고 온순한 언행을 지을지언정 저만 잘난 채 거들먹거려서는 안 되느니라.

구참을 형으로 여기고 신참을 아우로 여겨야 하느니라. 서로 간 다툼이 있으면 화합을 시켜 자비로운 마음을 가지게 하고, 이간질하는 말로 당사자 마음을 상하게 해서는 안 되느니라.

도반을 속이거나 업신여기며 또한 옳고 그름을 따진다면 그와 같은 생활 자세는 수도(신행)에 아무런 도움이 되지 못하느니라.

재물과 색욕色欲으로 인한 화禍는 독사보다 더 심하니 자기를 잘 보살펴 어긋남이 없도록 항상 그것들을 멀리 여의어야 하느니라.

필요한 일이 없으면 다른 사람의 처소에 들락거리지 말 것이며, 으슥한 곳에서 다른 사람의 사적인 일에 대해 억지로 알려고 하지 말 지어다.

한 달에 세 번씩 옷을 세탁할 것이며 욕간에서 세수와 양치질을 할 때 큰소리로 콧물과 침을 뱉지 말아야 하느니라. 공양물을 돌릴 적에 당돌하게 노소의 순서를 어겨서는 안 되며 도량을 거닐 때는 옷깃을 풀어헤치고 팔을 휘휘 내저으며 걷지 말아야 하느니라. 말할 때는 높은 소리로 하지 말 것이며 꼭 필요한 용무가 없으면 외출하지 말고 환자가 생기면 반드시 자비로운 마음으로 병간호를 지극정성으로 해야 하느니라. 손님을 보면 반드시 기쁜 마음으로 맞이할 것이며 연세 든 어른스님을 만나면 반드시 엄숙하고 공손한 자세로 한 켠으로 비켜서야 하느니라. 생활도구를 다룰 때에는 조심하여 얼굴을 다른 데로 돌리지 말고 바로 보아 주의해 취급해야 하느니라. 반드시 묵언으로 잡된 생각이 일어나지 않도록 할 것이며 하루 세끼 공양함에는 도업을 이루기 위해 알맞게 취할 것이며,《반야심경》을 염송함에 삼륜(주는 이, 받는 이, 주는 물건)을 청정하게 여겨 수도에 어긋남이 없도록 해야 하느니라. 아침저녁 예불을 빠뜨리지 말고 늘 자기의 게으름을 꾸짖을 것이며, 여러 사람 가운데서 난잡하게 굴어서는 안 되느니라.

　기도나 축원할 때는 글을 따라 그 뜻을 이해할 것이지 단지 소리만 따라 해서는 안 되느니라. 함께 합송할 때는 발성을 한결같이 하여야 하며 부처님 앞에 앉아 다른 경계에 마음을 팔아서는 안 되느니라. 자신의 죄의 업장이 산과 바다와 같음을 알아 이참(마음 참회), 사참(행동 참회)으로 참회해야 하느니라. 예를 함과 예를 받음이 모두 참된 성품에서 비롯됨을 깊이 헤아려야 하느니라.

　수행의 과보는 헛되지 않아 그림자와 메아리 마냥 서로 따름을 깊이 믿어야 하느니라.

　대중 속에서 항상 양보하여 다투지 말고 서로 이해해서 도와야 하며 승부를 위해 말다툼을 삼가야 하느니라. 머리를 맞대고 쓸데없는 말을 삼갈 것이며, 삼가 타인의 신발을 잘못 신는 일이 없도록 하며 앉고 누울 적에 순서를 어기는 일이 없도록 해야 하느니라. 신도 및 손님과 얘기를 나눌 때는 사내의 각종 불미스러운 일들을 말하지 말고 다만, 사중 불사와 법회에 대해서만 말해야 하느니라. 호젓한 곳에서 잡된 일들을 듣고서 스스로 호기심을 내어 의심하지 말아야 하느니라. 세속인과 서로 사귀어 그들로 하여금 혐오감을 불러일으키면 결국 수도심을 잃게 될 것이니라. 필요한 일로 외출할 경우 주지나 소임자에게 거처를 알려야 하느니라. 세속인의 집에 들라치면 반드시 바른 마음을 견지하여 각종 성색을 듣고 보아 삿된 마음이 유탕하게 흘러넘치지 않게 할지어다. 나아가 옷깃을 풀어헤친 채 히히덕거리며 잡된 일들을 어지럽게 얘기해서는 안 되느니라. 때 아닌 때에 술과 음식을 취하며 걸림 없는 행동을 망령되이 지어 불도에 심히 어긋나는 짓을 하여 현명하고 착한 이로부터 빈축을 산다면 어찌 지혜로운 사람이라 하리오.

경내에서 이미 행자 및 그 이하의 신분들과 함께 어울려 다님을 삼가야 하느니라. 뻔질나게 인사차 오고감을 삼갈 것이며, 애써 타인의 장단점을 보려고 하지 말지어다. 문자를 필요이상으로 탐구함을 삼가야 하며 지나친 수면을 삼가고 마음을 어지럽게 잡다한 인연에 매이지 않도록 해야 하느니라.

법사의 법문을 들을 때 절대로 불법에 대해 아득한 생각을 일으켜 물러나고자 하거나 익히 들은 것으로 별것 아니란 마음을 내어선 안 되나니 반드시 마음을 비우고 들으면 언젠가 현묘한 도리를 터득할 날이 있으리라.

말만 따라 배워서 구변만 늘게 하지 말지니 이를테면 뱀이 물을 마시면 독이 되고 소가 물을 마시면 우유가 되듯이 지혜로운 학문은 해탈이 되고 어리석은 학문은 생사를 면치 못 하느니라. 또한 법사를 업신여겨선 안 되나니 그로 인해 수도에 장애가 되어 계속 정진할 수 없나니 부디 조심하고 조심할지니라.

논論에 이르기를 어떤 사람이 밤길에 죄인이 횃불을 들고 길을 앞서는데 죄인이라고 그의 빛을 받지 않으면 곧장 돌부리에 채이거나 구덩이에 넘어지게 되는 것과 마찬가지라. 법문을 들음에 얇은 얼음을 건너는 듯하며 반드시 눈과 귀를 집중해 깊은 말씀을 들어 마음의 티끌을 털어내면서 묘한 도리를 헤아려 볼지어다. 그리고 법회 후

물러나 조용히 앉아 관하건대 의문이 생기면 선지식에게 널리 물어 저녁에 미심쩍은 것은 아침에 묻고 하여 터럭만큼도 미흡 됨이 없어야 하나니 이와 같이 바른 믿음을 능히 내어야만 도를 온전히 닦는 자라 하니라.

시작함이 없는 세월로부터 익혀온 삼독(탐욕, 성냄, 어리석음)이 네 참된 마음을 가린 채 간단없는 행동으로 나타남이 마치 하루걸이 학질과 같나니 항상 정진하여 번뇌 망상으로부터 벗어나도록 할지언정 어찌 아무 하는 일없이 사실무근한 말로 세월만 헛되게 보내며 해탈 성불을 기약 하리오. 오로지 굳은 의지로 나날이 게을러지지 않도록 정진하여 거짓됨을 알면 바로 착하게 고쳐 다시는 후회하는 일이 없도록 자심自心을 잘 다스려 나가야 하느니라.

부지런히 수행하면 마음 다스리는 힘이 더욱 견고해지고 쉼 없이 연마하면 행동거지가 더욱더 깨끗해지느니라. 항상 수행 정진하는 마음을 견지하면 도업이 그만큼 더 새로워지고 기쁜 마음이 충만하여 마침내 중도에서 그만두는 일이 없으리라.

이와 같이 부단히 정진하면 자기의 본 성품을 깨닫게 됨과 동시에 그 마음을 부처님처럼 사용하면 바로 인천人天의 대복 밭이 되리라.

쉼 없이 정진하고 쉼 없이 정진 할지어다!

《계초심학인문》종 誡初心學人文 終

발심 수행을 돕는 글
(發心修行 章)

　무릇 부처님이 처음 성불하게 된 것은 기나긴 세월에 걸쳐 욕망을 버리고 피나는 고행을 한 결과요, 모든 중생들이 불난 집 같은 세상살이를 벗어나지 못함은 한없는 세월에 걸쳐 탐욕을 내버리지 못한 소치니라.

　막지도 않는 천당에 이르는 자가 적은 것은 삼독(탐욕, 성냄, 우치)에 얽혀 번뇌로 살아가기 때문이요, 이끌지도 않는 악도로 많이 가는 것은 심신의 탐욕을 귀중히 여기기 때문이니라.

　사람으로서 누군들 고요한 산에 들어가 수도하고 싶지 않으리오. 하지만 정작 그렇게 하지 못함은 두꺼운 애욕에 뒤얽혀 있는 까닭이라. 산에 들어가 공부를 못할망정 자기의 힘닿는 대로 선행을 버리지 말지니 자기의 즐거움을 능히 버리면 성인처럼 신망하고 존경할 것이며 행하기 어려운 일을 능히 행하면 부처님처럼 존중하리라. 물질을 너무 인색해하고 탐함은 악마의 권속이요, 자비심으로 널리 보시하길 좋아함은 바로 부처님의 제자로다.

높고 험준한 산악은 지혜로운 이가 살만한 곳이요, 울창한 소나무 숲과 깊은 계곡은 수도자가 머물만한 곳이니라. 배고프면 나무 열매를 따먹고 목마르면 흐르는 계곡물을 마시나니 아무리 진수성찬을 갖춰먹고 보양해도 이 한 몸은 반드시 허물어지며 아무리 값비싼 고운 옷으로 몸을 감싸도 언젠가는 허물어지게 되느니라.

소리울림이 좋은 바위굴을 염불당으로 삼고 슬피 울어대는 기러기를 반가운 친구로 삼을 것이며, 절하는 무릎이 얼음장 같이 차가워도 불을 그리워하는 마음을 내지 말고 배가 고파 창자가 끊어질듯 해도 밥을 구하는 생각을 하지 말아야 하느니라.

백년이 눈 깜짝할 사이에 닥치니 어찌 정진하지 않을 것이며, 인생이 얼마간대 수행하지 않고 빈둥빈둥 세월만 허송하랴.

마음속의 애욕을 멀리 여의는 것을 출가 사문이라 하고 세속을 연련하지 않는 것을 출가라 하느니라.

수행자가 고운 옷을 입음은 흡사히도 개가 코끼리 가죽을 덮어쓴 꼴이고 도인이 연정을 품음은 고슴도치가 쥐 굴에 기어든 것 같아 헤어 나오질 못하느니라.

비록 재주가 있으나 세간에 머물면 부처님은 그에 대해 슬프고 근심스런 맘을 가지며 설사 도행이 없으나 깊은 산속에 살면 성인들이 그에게 기쁜 마음을 갖게 되며 비록 지혜가 있으나 계행이 없는 자는 보물이 있는 곳으로 인도해도 나아가지 않음과 같음이요, 비록 부지런히 노력하나 지혜가 없는 자는 동쪽을 향해 가고자 하면서도 서쪽을 향해 감과 같으니라.

지혜가 있는 자의 행위는 쌀로써 밥을 짓는 격이고 무지한 자의 소행은 모래로 밥을 짓는 것과 같느니라. 배고플 때 밥을 먹어 허기를 면할 줄은 다 알아도 법을 배워 어리석은 마음을 고칠 줄은 모르니 지혜와 수행을 구비함은 마차의 두 바퀴와 같고 자비와 이타는 새의 두 날개와 같느니라.

공양을 받고 축원할 때 그 의미를 알지 못하면 시주한 자에 대해서 응당 부끄럽지 않겠으며 공양 받고 기도함에 그 뜻을 알지 못하면 또한 성인들에 대해 면괴面愧스럽지 않으랴.

구더기가 깨끗함과 더러움을 구별 못함은 인간이 싫어하는 바이고 출가사문이 깨끗하고 더러운 것을 분별 못함은 성인이 싫어하는 바이니라.

오욕세상을 버리고 극락을 가고자 함에는 계율이 훌륭한 사닥다리 역할을 하나니 계를 파하고 타인의 복 밭이 되고자 함은 날개 찢어진 새가 거북이를 업고 공중을 날려고 함과 같느니라.

자기 죄도 다 씻지 못한 주제에 남의 죄를 참회시켜 용서하지 못하나니 어찌 계행없이 남의 공양을 받을 수 있으랴. 계행이 없는 빈몸은 보살펴 봐도 아무런 소용이 없나니, 무상하고 뜬구름 같은 몸을 사랑하고 아껴 봐도 오래 보존하지 못하느니라. 선지식이 되고자하면 많은 고통을 참아야 하고 설법 대도사가 되려면 애욕을 영원히 끊어버려야 하니라.

수행자의 마음이 깨끗하면 하늘나라 사람들이 다 함께 칭찬하고 도인이 색욕을 품으면 옹호신이 그의 곁을 다 떠나느니라.

사대(地水火風)로 된 이 몸은 홀연히 흩어져 오래 보존하지 못하나니 오늘도 벌써 저녁이라 눈 깜짝할 사이 새 아침이 되리라.

세상의 낙은 고통이 뒤따르니 어찌 그에 탐착하리오. 한 번 참으면 길이 즐거우니 어찌 수행해서 참지 않겠는가! 수도인의 탐욕은 수도인의 수치요, 출가자로서 재물을 탐함은 군자의 웃음거리가 되느니라.

감싸고 둘러대는 말이 끝도 없으리만큼 탐욕심으로 집착하는 마음도 끝이 없나니 다시는 다시는 하는 말이 끝없듯이 애착심을 끊지 못하나니 이러한 일들은 한없어 세상일들을 버리지 못하고 요리조리 행할 죄를 자꾸만 궁리하니 일시로 마음을 끊고 다시는 생각하지 말아야 하느니라.

오늘만 오늘만 하는 말이 끝없듯이 악을 짓는 날이 그만큼 많아지며 내년만 내년만 하는 말이 끝없듯이 그만큼 수행정진하지 못하느니라.

한 시간 한 시간 지나 어느덧 하루가 되고 하루하루가 지나서 어느덧 한 달이 되며, 다달이 지나서 홀연히 한 해가 되며 연련이 지나서 잠깐 사이 죽음의 문에 이르느니라.

파손된 수레는 가지 못하고 노인은 정진하지 못하나니 어찌해 오늘도 누워서 게으름만 피우고 앉아서 어지러운 생각에 잠기는가!
살면 얼마나 살건대 수행하지 않고 하루하루를 헛되게 보내며 빈껍
데기 같은 몸을 얼마나 보존할 것이라고 잠시도 수행하지 않으랴!

이 생의 이 몸은 끝이 있기 마련, 이 몸 이후의 과보인 후신은 어
떻게 할 것인가!

아주 급하지 않은가! 아주 급하고 급하지 않은가!!

《발심수행장》종 發心修行章 終

스스로 경계하고 정진하는 글
(自警文)

　주인공(自心)아! 나의 말을 들어 보시라. 더러 적잖은 사람들이 불문에 들어와 도를 깨쳤거늘, 너는 어찌하여 늘 고통 속에 허덕이고 있는가! 시작함이 없는 아득한 세월로부터 금생에 이르기까지 너는 깨달음을 등지고 번뇌 망상에 휩싸인 채 우치에 떨어져 쉼 없이 많은 죄악을 지어 삼악도의 고통을 받음은 착한 일들을 닦지 않아 사생(태, 난, 습, 화)의 업 바다에 침몰해 있기 때문이라.

　몸은 여섯 가지 도적(눈, 귀, 코, 혀, 몸, 뜻)을 따르는 고로 악도에 떨어지면 지극한 고통을 받기도 하며 마음으로 일불승—佛乘을 등진 까닭으로 사람의 몸을 받아도 부처님이 세상에 계시기 전이거나 그 이후가 되나니 금생에 다행히 사람 몸을 받았으나 슬프게도 바로 부처님 열반 후의 말세로다.

오호, 슬프도다! 이는 누구의 허물인고? 비록 그렇다 하나 네가 능히 반성하여 애정을 끊고 출가하여 응량기(바리때)를 수지하고 훌륭한 법복을 수한 채 티끌세상을 벗어나는 지름길을 걸으며 무류(열반, 깨침)의 묘법을 배우게 됨은 마치 용이 물을 만난 듯, 호랑이가 산을 의지한 것 같아 그 수승하고 묘한 이치를 이루 다 말할 수 없느니라.

사람에겐 시간적으로 옛날과 지금이 있지만 법에는 멀고 가까움이 없으며 사람에겐 우둔과 지혜가 있지만 도에는 월등함과 열등함이 없나니 비록 부처님이 세상에 계실지라도 불교를 믿고 따르지 않으면 무슨 이익이 있으며 설사 말세라도 불교를 받들어 행하면 무슨 지장이 있으랴. 그런 까닭으로 세존께서 말씀하시되 나는 훌륭한 의사와 같아서 병질을 알아 약을 말해 주지만 그것을 복용하고 안하고는 의사인 나의 허물이 아니며 또한 뛰어난 길 안내자와 사람들을 좋은 길로 안내하지만 듣고서 가지 않음은 길 안내자의 잘못이 아니니라.

자리와 이타에 관한 말씀은 경속에 다 구족되어 있나니 만약 내가 세상에 오래 머문다 해도 더 이익 될 일은 없느니라. 지금부터 나의 모든 제자들은 쉼 없이 불법을 닦아 행한다면 여래의 법신이 항상 머물러 없어지지 않으리라. 이와 같은 이치를 안다면 다만 스스로 수도정진하지 않음을 한탄할지언정 어찌 말세임을 근심하리오!

엎드려 바라오니 너는 모름지기 결연한 특단의 뜻을 세워 세상의 잡다한 인연을 끊어버리고 전도된 번뇌 망상을 잘 다스려 진실로 생사대사를 위해 조사들이 내려준 공안들을 잘 참구하여 큰 깨침을 목적으로 삼을 일이니 절대로 가벼이 여겨 수행에서 물러나지 말지어다. 지금은 말세라 부처님이 열반하신 지가 오래되어 마군의 힘은 강하고 정법은 약하니 사람들은 다분히 삿되고 방탕하여 사람이 된 자는 적고 못된 자는 많으며 지혜로운 이는 적고 무지한 이는 많으니라. 스스로는 수도하지 않으면서 남을 괴롭히고 있나니 수도에 장애 되는 요소들을 말하자면 끝이 없느니라. 여러분들이 길을 잘못 들까 봐 우려해서 내가 좁은 소견으로 아래와 같이 열 가지의 경계문을 지어서 너희들을 훈계코자 하오니 잘 믿고 따라 한 가지라도 어긋남이 없기를 지극히 바라고 지극히 바라노라.

송
어리석은 마음에 배우지 않아 교만만 늘고,
우치한 마음에 수행하지 않고
사상(아상, 인상, 중생상, 수자상)만 느니,
실속없이 뜻만 높아 굶주린 호랑이인양 설치며,
무지의 방종, 뒹구는 잔나비 같아 삿된 말,
악마의 말 즐겨 들으면서,
성현의 가르침은 애써 듣지 않네그려.
착한 도 닦지 않고서 뉘가 널 제도하리
악도에 떨어지면 받을 고통 한없으리.

첫째 좋은 옷과 맛있는 음식은 절대로 받아쓰지 말라.

밭을 갈아 씨를 뿌린데서 시작해 입과 몸에 이르기까지 사람과 그 외에 부수된 노력이 많을 뿐 아니라, 또한 의지해서 사는 많은 미물들의 손해도 한없거늘 저들을 괴롭혀 나를 이롭게 함도 외려 바람직하지 않은 일인데 하물며 그들의 생명을 빼앗아 나를 살리는 일을 어찌 참을 수 있으랴! 농부도 매양 춥고 배고픔이 있기 마련이고, 옷감 짜는 여인도 몸을 가리는 피륙이 없을 때가 있는데 하물며 네가 늘 손끝을 놀리고 있는 주제에 어찌 춥고 배고픔을 싫어하리오.

아름다운 옷과 맛있는 음식은 응당 은혜가 무거워 수도에 장애가 될 것이고 헤어진 옷과 나물밥은 반드시 시주의 은혜를 가벼이 하여 자기도 모르는 중에 음덕이 쌓일 것이니라. 이 생애에 이 마음을 밝히지 않으면 물방울 하나라도 수용하기 힘 드느니라.

송
나물뿌리 나무열매로 배고픔 달래고
겨우살이 풀 옷으로 이 몸을 가리도다
들녘 두루미, 창공의 구름송이 도반으로 삼고
높은 산 깊은 계곡에서 남은 세월 보내리라.

둘째 자기의 재물을 아끼지 말고 타인의 것은 구하지도 말라.

삼악도(지옥, 아귀, 축생)의 고통으로 떨어지는 것 중에서 탐욕심이 첫째이고 육바라밀(보시, 지계, 인욕, 정진, 선정, 지혜) 중에서 보시가 으뜸이라. 인색과 탐욕은 수도에 장애가 되고 자비로운 보시는 악도에 떨어짐을 사전에 막아 주리라. 가난한 이가 와서 구걸하면 비록 어려운 처지라도 아끼지 말아야 하느니라. 옴에 한 물건도 없이 오고 감에 빈손으로 가느니라.

자기의 재물조차 연련해하지 말아야 할진대 게다가 타인의 재물에 무슨 마음을 가지랴. 모든 걸 가지고 저 세상에 가지 못하고 오로지 지은 업만이 따르느니라. 삼일 동안 닦은 마음은 천년의 보배요, 백년간 모은 재산은 하루아침의 티끌이로다.

송
삼악도 고통을 받는 건
다생의 탐욕심 때문이라오.
한 벌의 납의와 바루대로 살기에 족하거늘
무엇하러 축적해 무명심을 기르는가!

셋째 입으로 많은 말을 하지 말고 몸을 가벼이 처신하지 말라.
몸을 가벼이 움직이지 않으면 어지러움을 그쳐 정력定力을 기를 것이고 입으로 많은 말을 하지 않으면 혼란스러움이 지혜로 변할 것이니라. 실상은 말을 떠남이요, 진리는 움직임이 아니라 입은 화의 문이라. 반드시 엄격하게 잘 조절해야 하고 몸은 바로 재앙의 원천이라 함부로 가벼이 움직여서는 안 되느니라. 자주 날아다니는 새는 그물에 걸릴 확률이 높고 가벼이 나다니는 짐승은 난데없는 화살을 맞을 위험이 높느니라.

세존께서 설산에서 수도하실 적에 육년을 앉은 채 움직이지 않으셨고 달마대사가 소림굴에서 구년을 면벽 묵언하셨나니, 뒤따르는 후배자가 어찌 옛 존성을 본받지 않으리오.

송
신심으로 선정에 드니 움직임이 사라지고
띠 지붕 토굴에 앉아 출입을 끊도다.
고요하고 고요함 중에 아무 일도 없이
오로지 맘만 살피니 불성 절로 뵈더이다.

넷째, 착한 이와 사귈지언정 삿된 이와는 가까이하지 말지어다. 새가 쉬고자 함에 반드시 앉을 나뭇가지를 가리게 되고 인간이 학문을 구함에 스승과 도반을 선택하게 되나니 나뭇가지를 잘 선택하면 편히 쉬게 될 것이고 스승과 도반을 잘 선택하면 학문이 더욱 깊어질 것이니라.

착한 도반을 가까이 함을 부모와 같이 하고 나쁜 사람을 멀리 여의는 것을 원수진 집같이 할지니라. 학에겐 까마귀의 지략이 없듯이 봉새가 어찌 뱁새의 지묘智妙를 가지리오.

쭉쭉 뻗어 솟은 소나무 숲속의 칡은 위로 소나무만큼 치솟고 띠 속의 초목은 세치를 면치 못하니라. 착하지 못한 소인배들일랑 자주자주 멀리하고 수행이 된 착한 동도同道랑 자주자주 가까이 할지어다.

송

행주行住시 착한 도반과 함께하고
신심으로 결단해서 번뇌 망상 제거할지니
번뇌 망상 다하면 앞길이 훤해져서
촌보도 움직임 없이 조사관을 꿰뚫으리

다섯째, 밤 열한 시와 한 시 사이 이전엔 잠을 자지 말지니라.

오랜 세월에 걸쳐 수도에 장애가 되는 것은 수마보다 더한 것은 없나니 하루 내내 서릿발 같은 기백으로 의심을 내어 참구할 것이며, 가거나 머물거나 앉거나 눕거나 간에 빈틈없이 눈길을 되돌려 자신의 마음을 관할지어다. 일생을 헛되이 보내면 만겁 토록 후회할지니 무상은 찰나라, 하루하루를 두려워할 것이며, 사람의 수명은 눈 깜짝할 사이라 시간 단위로도 보장하지 못하니라. 생로병사 일대사를 타파 못하고선 어떻게 편히 잠을 잘 수 있으랴!

송

뱀 같은 수면 새장 같은 구름 마음 달을 가리니
앞길이 참참해 갈 길 잃고 헤매네
와중渦中에 의지의 찰날 쳐드니
번뇌구름 사라져 달빛 의구依舊 빛나네.

여섯째, 절대로 교만하여 남을 업신여기지 말라.

법을 닦고 법력을 기름엔 겸양이 근본이요, 벗과 잘 사귐엔 믿고 일깨워줌이 으뜸이라. 사상(아상, 인상, 중생상, 수자상)의 산이 높을수록 삼악도의 바다가 그만큼 더 깊어지도다. 겉모습은 훌륭하나 속이 초라하기도 하며 벼슬이 높을수록 마음은 더욱 겸손해야 하고 도력이 높을수록 더욱더 하심해야 하느니라. 교만하지 않고 겸양하면 도심이 절로 생기나니 하심한 자에겐 만복이 절로 찾아오느니라.

송
교만은 지혜를 멀리하고
거만은 무명번뇌만 느나니
남을 업신여겨 배우지 않다가
늙어 병석에서 한탄한들 무엇하리

일곱째 재물과 여색을 보면 반드시 바른 생각으로 대할지어다.
몸을 망치는 계기는 여색보다 더한 것은 없고 도심을 잃어버리는 원천은 재화보다 더한 것은 없다. 이런고로 부처님이 계율을 제정하사 재물과 여색을 엄금하시되 여색을 보면 호랑이와 뱀을 보듯 하고 재물을 가까이하면 목석같이 보라 하셨다. 비록 혼자 어둔 방에 있을지라도 귀한 손님을 마주 대하듯 하며 남이 앞에 있거나 마나 한결같이 하여 겉과 속이 다르지 않게 할지어다. 마음이 깨끗하면 선신들이 보호하고 여색을 그리워하면 선신들이 용납하지 않나니, 선신들이 보호하면 어려운 처지에 있어도 어려움이 없어질 것이고 하늘이 용납하지 않으면 편한 곳에 있어도 편해지질 않다.

송
이익을 탐하는 마음은 염라대왕이 족쇄 채워
지옥으로 이끌고
깨끗한 언행은 아미타불이 극락으로 맞이할지니
아! 말할 수 없는 지옥의 고통이여,
아! 다할 수 없는 극락의 즐거움이여

여덟째, 속인들과 교류하여 그들로부터 싫어하고 미움을 사는 일이 없도록 할지어다.

마음의 애정을 멀리 여읜 것을 불제자라 하고 세간을 그리워하지 않는 것을 출가라 하니 이미 애정을 끊고 속세를 멀리 떠나와서 다시 무엇 때문에 속인들과 무리지어 놀아나리오. 세속을 사랑하고 그리워 하면 도철 ： ： (욕심 많은 상상 속 짐승)이 되나니 도철은 처음부터 도심이 없느니라. 인정이 농후하면 도심이 성기나니 마음을 매정히 하여 다시는 돌아보지 말아야 하느니라. 출가 시 초심을 저버리지 않으려면 모름지기 깊은 산골에서 화두를 궁구하되 옷 한 벌, 바루대 한 벌로 마음을 다스리면 결국 배고프고 배부름에 무심해져 도력이 절로 높아지리라.

송
남 위하든 자기 위하든 하찮은 선행이라도

모두가 생사윤회 씨앗 되나니
달 밝은 밤 울창한 소나무 숲속에 자리하고서
해탈의 조사관 꿰뚫을지어다.

아홉째, 타인의 허물을 말하지 말라.

비록 좋고 나쁜 말을 들을지라도 마음에 동요됨이 없어야 하나니, 덕이 없으면서 칭찬을 받음은 실로 내가 부끄러워해야 할 일이요, 내게 허물이 있어 꾸중을 들음은 진실로 기뻐할 일이도다. 그렇게 기뻐하면 자기의 허물을 알아서 반드시 고치게 될 것이요, 부끄러워할 줄 알면 도에 나아감에 게으르지 않을 것이다. 타인의 허물을 말하지 말라. 결국엔 반드시 자기를 해치게 될 것이니라. 사람을 해치는 소리를 들으면 부모님의 명예를 훼손함과 같이 여길 지니라. 오늘 아침엔 그가 내 앞에서 다른 사람의 허물을 탓하나 다른 날엔 곧장 머리를 돌려 나의 허물을 말하리라. 세태가 그렇다 쳐도 본질적으로 제반 사태는 모두가 허망하니 헐뜯고 칭찬함에 뭐라서 근심하고 기뻐하리오.

송
아침부터 타인의 장단점을 말하다가
밤 되어 피로해 깊은 잠에 떨어지니
이 같은 출가행 시주물만 축낼 뿐
정녕코 삼계(욕계, 색계, 무색계)를 뛰쳐나가기 어려우리.

열째, 대중과 함께 있을 때 늘 마음을 평등이 지녀라.

사랑을 끊고 친족과 이별함으로써 법계가 평등하나니 만약 친소가 있으면 마음이 평등하지 못하나니 그런 심정으로 무슨 덕이 생기랴. 마음에 미움과 사랑이 없으면 일신상에 무슨 고통과 즐거움이 있으리오. 평등한 성품 속엔 피차가 없고 맑디맑은 거울은 친소와 미추를 가리지 않다.

삼악도에 들고남은 증오와 애욕의 소치요, 육도로 오르내림은 친소로 짓는 업의 결과이니라. 마음이 평등하면 본래부터 취하고 버림이 없나니 취사取捨가 없으면 삶과 죽음이 어디에 있으리오!

송

위없는 지혜도智慧道 이루고자 함인데
한결같은 평등심 가질지어다
친소와 증애 때문에
도 더욱 멀어지고 죄업 더욱 깊어지리.

주인공아, 네가 사람 몸을 받음은 흡사히도 광활한 바다에서 눈먼 거북이가 천 년에 한번 구멍 뚫린 판자목을 만나면 잠시 쉴 수 있는 경우와 같나니 인생 일생이 얼마건대 정진하지 않고 게으름만 피우리오. 사람 몸 받아나기가 어렵고 더더욱 불법 만나기가 어려우니라. 차생에 놓쳐버리면 기약없는 세월에 걸쳐 다시 불법 만나기 어려우니 내 이제 열 가지로 경계하는 말을 들어 부촉했나니 하루하루 새록새록 부지런히 갈고 닦아 하루 속히 깨달아서 어리석은 중생을 제도할지어다. 내 본래 바라는 바는 너만이 생사의 바다를 벗어나는 것이 아니라 널리 만 중생을 제도함이도다. 무슨 까닭인가 하면 네가 비롯함이 없는 아득한 세월서부터 금생에 이르기까지 쉼 없이 사생을 만나 나고죽고 죽고남을 반복함은 다 부모에 의함이었으니 고로 긴 세월에 거쳐 부모 된 자 한량이 없느니라. 이로써 보건대 육도에 걸친 중생으로써 다생 간에 걸쳐 너의 부모가 아닌 이가 없느니라. 그와 같이 부모와 같은 무리들이 악도에 빠져 밤낮으로 고통을 받나니 그들을 제도하지 않으면 어느 때 그들이 그런 고통 속에서 벗어날 수 있으리오. 오호! 슬프도다. 고통이 폐부肺腑를 찌르도다. 일심으로 너에게 바라노니 애써 빨리 해탈하여 신통력을 갖추고 걸림 없이 자재로와 거친 고해에 지혜의 조타수가 되어 갈길 몰라 헤매는 불쌍한 중생들을 제도할지어다.

그대는 들어보지 못했는가? 옛날의 많은 부처님과 조사님들도 한 때 나와 같이 범부중생이었으나 그들은 이미 장부가 되었나니 나 또한 그와 같아 단지 하지 않을지언정 능히 할 수 없는 것은 아니도다. 옛 성인이 이르기를 도가 사람을 멀리하는 것이 아니라 사람이 스스로 도와 멀어진다고 했나니 진실하도다. 그 말씀이여, 정작 굳은 신심으로 부단히 정진하면 누군들 마음자리를 보아 부처님이 되지 못하리오! 내 지금 삼보전에 증명하옵고 간곡히 너에게 타이르노라. 그릇됨을 알고 짐짓 범하면 산채로 지옥에 떨어지느니라. 어찌 근신謹愼하지 않으며 어찌 근신하지 않으랴!

송

달 속 옥토끼 늙음을 재촉하고

해 속 까마귀 세월을 앞당기네

구하는 명리 아침이슬 같고

고통과 영화 저녁연기로다

원하노니 그대 쉼 없는 정진으로

불과를 속히 이뤄 중생을 제도할지니

금생에 이런 말 따르지 않으면

후생에 한탄함이 끝도 없으리.

자경문 종 自警文 終

초발심자경문 대미 初發心自警文 大尾

수도자
기본 소양서

치문 (한글판)

서문

중생각자의 근성과 욕구는 다르기 마련이지만 만약 한 가지 이치로 말한다면 그 궁극적인 의미를 끝내 터득해야 하느니라.(※구경득각 의미)

장부로써 하늘을 찌르는 기백을 가지고 여래께서 행하신 곳을 향해 행하지 않아도 옳지만 부처님의 말씀이 아니면 말하지 않고 부처님의 행이 아니면 행하지 않음도 또한 옳으니라.

허공과 같은 법계에서 어찌 옳고 그름이 있을까만은 그런데도 시비를 논함은 바로 망상심에서 기인된 분별이라. 이미 이와 같은 분별이 있으면 자연히 시비의 말이 있기 마련이라. 저 옛날 마음을 밝히고 성품을 본 조사스님들을 보시오. 거개가 박학다식한 대가시라. 조계 육조대사가 문자를 하나도 몰랐다하는 것도 오늘날 선객들이 금과 은을 구분 못하는 것과 다르다. 또한 불자拂子를 잡거나 소나무개비를 잡아 흔든(수자 제접 방법 중 하나) 고승을 보라. 모두가 선禪과 교敎를 겸통했음이라. 옛날 현태스님과 선소스님이 경을 전혀 받아들이지 안한 것이 오늘날의 선사들이 물과 우유의 근본 차이를 분별하지 못하는 것과 어떻게 같겠는가?

이 책이 중국에서 한국에 이르러 《치문》이란 이름으로 유통된지가 오래 되었음이라. 원본은 열 권인데 그 뒤 한때 삼 권으로 줄였고, 오늘날엔 그것도 번거롭게 여겨 한 권으로 하였으니 배우는 자가 이마저 번거롭게 여겨 더 줄일 필요성이 있다 하느니라. 만약 이와 같은 추세라면 장차 이 책이 나오기 이전의 상태로 돌아갈 날이 멀지 않으리라.

비록 한 편으론 문자를 사용하지 않는다고 하나 경을 받아 지녀 읽고 외움으로서 얻는 혜택도 무시 못 하니라. 끝내 마음이 곧 부처란 묘하고 비밀스런 종지宗旨로 인하여 도리어 인과를 무시하는 자의 변명거리로 전락되었느니라. 옛날에 어떤 대덕스님이 시로 이르시기를

심히 슬프도다.
말법상이 실로 슬프고 가슴 아프도다
불법을 맘대로
주장할 사람 없구나.
경안經眼이 나기 전에 강석에 임하고

행각行脚도 안한 주제에

법상에 오르고

돈을 품고 절을 찾는 모습

마치 미친 개 설치듯

빈 배에 마음만 높아

벙어리 양羊과 같구려.

이는 정말 미래 일을 능히 아는 성인의 노래라. 어떻게 말법인 이
즈음의 사정을 나타냄이 이렇게 아주 적절할 수 있는가?

진호 대강사가 훌륭한 방편으로 수자의 근기에 맞춰 양이 좀 많
은 치문을 한 권으로 줄여 본문에 토를 달고 또한 잔주에 이르기까지
토를 달되 혹 소홀한 곳은 가감하여 번거로움을 덜어 곧장 쉬이 이해
하도록 하니 노파심이 지극하다 하리로다.

강백이 나에게(변영세) 한 번 교정校正을 바라기에 마침 재주가
미치지 못함을 헤아리지 않고 감히 함부로 그것을 교열하다가 언 듯
마음속으로 중생의 근기와 바라는 바가 다르다는 감이 드는지라. 그
것을 여기에 쓰고 또한 이 책이 더 이상 줄일 수 없는 상태가 되길 바
라며 널리 유통에 일조가 되고자 함이라.

병자년 봄. 법륜사 설호산인 초우당 변영세 삼가 적음

치문 - 경훈 주해의 경위를 쓰다

　　불교가 인도에서 동쪽으로 차츰차츰 전래됨에 그때마다 어려운 경전을 풀이한 주소註疏가 많았느니라. 이를테면 금강경과 《능엄경》은 대략 백 십여 종이나 이르고 그 외의 것들도 두세 가지는 있지만 유독 이 치문경훈만은 해설서가 전혀 없으니 어째서일까? 어찌 해외 소국이라고 듣지도 보지도 못하고 또한 그것을 해설할 필요가 없었겠는가? 총림에서 치문을 대대로 닦아 익혀온 지가 이미 오래되었지만 거개가 일상 씀에 밀접한 가르침이었기 때문이라. 그것들은 부박浮薄한 마음을 막고 삿된 행을 경계해서 정도正道를 따르게 함에 지나지 않나니 이는 불교를 배우는데 있어 시작이며 몽매를 깨우치는 자비로운 가르침이라. 무릇 처음 불제자가 된 이들은 받아 지녀 외우고 익혀 실천해야 할 과목이라.

구인九仞(길이 단위)이나 되는 높은 산을 쌓는데도 반드시 한 삼태기의 흙으로 시작되고 천 리를 감에도 실로 첫 걸음으로 비롯됨과 같으니 한 삼태기 흙과 그 첫 걸음을 버리고 구인의 높은 산을 바라거나 천 리를 논한다면 비록 삼척동자라도 그것은 능히 이룰 수 없음을 알 것이다.

이 치문은 비록 도에 들어가는 첫 관문 격이나 뛰어난 많은 현인들마다 제각기 능력을 발휘하여 군서群書 중에서 해당되는 글귀를 많이 인용했으니 독자들은 익히 해독하지 못하면 맘대로 활용하기가 어려우니라.

평소에 금과 은을 구분 못하고 말과 뜻을 잘못 그르치곤 하던 내가(성총스님) 강의에 임할 때마다 끝내 석연치 못한 곳이 있어 마침내 내 분수를 망각한 채 필을 잡고 간략히 잔주를 달아 해석하여 그것을 가나오나 항상 몸에 지녀 살피고 살펴 잊지 않도록 하면서 단지 나 혼자만이 스스로 기뻐할 뿐 다른 사람들에게 주어 보게 할 수가 없었도다.

그 때에 한 객승이 말했다. 수자라면 곧장 본래면목을 추구하며 마음이 곧 경이라 여겨 바로 의심덩이를 타파하여 정토에 이르는 경서조차 일제히 쓸어버린 후 무애행과 한적閑寂을 좋아할 일이지 어찌 그대는 보잘 것 없는 한 삼태기 흙의 양으로 자만하고 또한 그런 일에 종사하여 마침내 수자들의 큰 비웃음을 사는가? 하니라.

답말이라. 내가 오랫동안 애써 속세를 피해 살아서 하는 말이 출중하지 못하고 세인들을 상대하는 재주가 부족하여 삿된 걸 꺾어버리는 칼날 같은 지혜가 없음이라. 제나라의 한 사람이 많은 초나라 사람 가운데 섞여 있는 격이라. 어찌하겠는가? 이는 밤낮으로 분발해서 팔을 거둬 올리고 골머리가 아플 정도로 노력하고 극복해야 하리라.

내가 치문경훈에 주해를 단 뜻은 도를 위함이지 이름을 드날리기 위함이 아니라. 법을 위함이지 일신의 영달을 위함이 아니도다. 비유컨대 새가 울어 봄을 알리고 우레 소리가 여름을 알리며 귀뚜라미 소리가 가을을 알리며 매서운 바람소리는 겨울을 알림은 모두가 자연계에서 스스로 발생하여 끊이지 않음과 같느니라(자연스런 행위임을 뜻함). 잔뜩 흐려 습기 많은 날에 뿌린 물 같아(뚜렷하지 못함) 어찌 감히 보고들은 바를 확실하게 판변判辨할 수 있으리오. 그런대로 사사로이 나의 미력이나마 불심의 일단을 보일 뿐이다.

잘못 주해하고 만연되게 풀이하여 깊고 오묘한 이치를 훼손함에 이르러서는 결국 풀이해도 풀이함이 아니라. 고인이 해석을 일삼지 않던 뜻을 몸소 알 수 있으리라. 구인九仞의 산에 한 삼태기 흙으로, 천리행에 첫걸음으로써 일조코자 함에 있도다.

때는 강희 올해 중추일. 백암사문. 성총 씀.

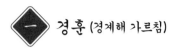

1. 위산 대원선사경책

(경계와 격려)

(위산 영우선사, 복주 조씨 아들. 백장대사 受法 대종 황제가 대원이라 시호)

업에 얽매여 후신後身을 받음에는 이 괴로운 육신을 면할 수 없느니라. 부모가 물려준 몸을 받음엔 여러 가지 인연을 의지해서 하나로 구성되도다. 사대(지수화풍)로 임시 얽어져 있기에 늘 서로 벗어나려고 하는지라. 무상한 늙음과 병마로써 한시도 온존함을 기약할 수 없나니 아침나절에 살아있다가도 저녁이면 죽음을 맞기도 하여 눈깜짝할 새에 세상을 달리하기 마련이로다. 흡사히도 봄날의 서리와 새벽녘의 이슬과도 같아 잠깐 새 없어지며 강기슭의 나무와 우물 속의 등나무처럼 어찌 오래 보존할 수 있으랴? 흐르는 세월이 신속함을 생각해야 하나니 찰나 간에 숨을 돌리면 곧 저 세상이니 어찌 편히 함부로 세월을 보내리오.

맛있는 음식으로 부모를 봉양하지 않고 육친을 굳이 멀리하며 나라에 신민臣民의 의무를 버리고 가계에 상속인으로써의 지위를 외면한 채 고향을 멀리 떠났느니라. 입산해 두발을 깎고 사승의 가르침을 받음인데 안으로는 잡념을 다스리는 공부를 열심히 하고 밖으로는 다툼이 없는 자비의 가르침을 널리 펴야 하느니라. 그래서 티끌세상을 아주 벗어나 생사를 여의고 해탈의 경지에 하루빨리 이르기를 바라야 하느니라.

헌데 구족계를 받자 곧장 말하기를 나는 비구라고 말하며 시주자의 시주 물을 받아먹고 씀에 그것이 나에게로 온 곳을 헤아리지 않도다. 단지 법답게 자기에게 공양을 올려야 한다고 말만하며 다 먹고 나서 머리를 맞대고 앉아 시끄럽게 인간살이의 잡된 얘기만 나누면서 한 평생 즐거움을 쫓아다니니 그 즐거움이 바로 고통의 원인인 줄 알지 못하느니라.

지난 날 티끌세상의 욕락을 쫓느라 일찍 반성의 겨를도 없이 일상사에 파묻혀 세월만 허송했음이라. 그러는 중에 받아 쓴 시주물이 많고 베풀어 온 은혜를 입은 것이 짙은 가운데 어느덧 많은 시간이 흘렀어도 바람직하지 않은 마음 자세를 버리려하지 않고 외려 악습을 더욱더 쌓고 쌓아 환화幻化같은 몸을 여전히 애써 보살피고 있느니라. 이에 조사께서 비구에게 엄히 타일러 힘쓰게 하고 도에 나아가서는 삼상(의복, 음식, 수면)을 풍부히 해서는 안 된다고 했느니라. 사람들은 으레 탐하는 성향을 멈추지 못해 그러는 가운데 하루가 가고, 한 달이 가 어느덧 백발이 되도다. 후학들이 이런 뜻을 읽고도 알지 못하면 응당 선지식에게 널리 물어야 하느니라.

생각건대 무릇 출가자는 시주물의 뜻을 중히 여겨야 하느니라. 부처님이 먼저 계율을 제정하사 제자들을 타일러 무지를 일깨우심에 본보기로 보이신 위의의 깨끗함이 빙설과 같느니라.

악법과 선법에 따른 범계犯戒와 지계持戒를 분명히 해서 처음 발심한 마음을 잘 단속해야 되느니라. 세세한 계율의 조목으로 모든 폐단을 바로 잡는 율을 설하는 법회에 일찍이 참청해 본적이 없는 주제에 어찌 요의 상승(진실 극진한 구경진리)을 뚜렷이 분별할 수 있겠는가?

아! 일생을 헛되이 보내면 뒷날 분명 후회하게 되나니 불교 교리를 맘에 두지 않고선 불도에 계합하여 깨칠 수가 없느니라.

차츰 나이 들어 법랍이 높으면서도 수행되지 못해 제 잘난 채만하며 훌륭한 도반을 가까이 하려고 하지 않고 오직 오만불손을 떨기만하여 불법과 계율을 잘 알지 못해 하느니라. 머트러운 언행을 한 군데도 거둬들임 없이 큰 소리로 말함에 법도가 없으며 수도 상 위계를 무시하니 이는 바라문(인도고대 최고 신분)들이 모인 것과 조금도 다름이 없느니라. 공양 중에 잡담을 하여 공양을 마치자마자 곧장 먼저 일어나 취하는 행동이 법도에 어긋나니 수도자로서 위의가 꼴불견이로다. 거동이 거칠어 주위 사람들을 놀라게 하고 다른 사람들의 마음을 뒤흔들어 놓아 조금의 법도와 자그마한 위의조차 없나니 무엇으로 유탕한 마음을 거둬들일 수 있으랴? 이에서 후손들이 그를 본받을 리가 없다. 경시의 기미를 재빨리 알아차린 노승은 나는 산승이라고 허세를 부리니 안 만큼 불교를 실천하지 않아 한결같이 그 마음이 머트러운지라. 이런 작태는 아마도 불문에 처음 입문 시부터 그 마음이 게을렀기 때문이리라. 도철(욕심많은 상상의 짐승명)의 심정으로 그럭저럭 속세 요량으로 세월을 헛되이 보내다가 드디어 거친 무뢰한이 되었음이라. 모르는 새 걸음걸이에 힘이 없어 비틀거릴 정도로 늙어서 일을 당해 벽을 마주보고 서 있는 양 캄캄해 어떻게 할 줄 몰라 하느니라. 후학이 법을 물음에 마땅한 대답을 찾지 못하나니 비록 응답할지라도 각종 경서에 근거하지 못하니라.

간혹 무시당하면 후생이 무례하다고 책망하며 화를 버럭 내기도 하여 사람을 놀라게 하느니라. 그러다 하루아침에 병든 몸으로 자리보존의 신세가 되면 온갖 고통에 뒤얽혀 괴로움을 당하나니 아침저녁으로 생각함에 마음이 혼란스럽고 두려워져 앞길이 막막해져 어디를 향해 가야할지 알지 못해 하느니라. 이때가 되어 비로소 잘못을 후회하나 목마름에 다 달아 우물을 파는 격이라. 어찌하랴. 진작 미리부터 공부하지 못해 나이 들어 허물이 많음을 스스로 후회하나니 죽음에 임해 정영 두려워하느니라.

마음은 몸을 떠나 밖으로 내달리나니 마음이 행위를 따름은 마치 사람이 빚을 짐에 보다 더 많은 빚을 진 자가 보다 먼저 상환을 강요하듯 마음의 움직임이 복잡다단하나 보다 더 중하게 여기는 쪽으로 치우치는 것과 같도다.

무상한 죽음의 귀신은 잠시도 가만히 있지 않고 하늘로부터 받은 수명은 맘대로 연장시킬 수 없나니 시간은 사람을 기다려주지 않도다.

인천에 걸쳐 삼계(욕계, 색계, 무색계)를 벗어날 수 없느니라. 이 가운데로 태어남은 겁이란 단위의 수로서도 논할 수 없도다(인간 몸 받기 어렵다).

이로써 아픈 가슴에 놀라 탄식하거늘 슬프도다. 절박한 마음이여! 어찌 가만히 입 다문 채 서로를 경책하지 않을 수 있으리오.

한탄스러운 바는 말법시대에 성인 가신지가 오래되어 정법은 낯설고 사람들은 다분히 나태함이라. 좁은 소견으로 대략 말해 후학들을 일깨우고자 하노니 만약 교만을 피우며 듣고 실천하지 않는다면 정말 삼계의 윤회를 영영 벗어나기 어려우리라.

대저 출가자는 발을 내디뎌 세간을 뛰쳐나왔으니 마음 씀과 모습이 세속인과 다름이라. 성인의 덕을 이어 받아 마군들을 물리치고서 사은四恩(부모은, 스승은, 나라은, 시주은)을 보답하고 삼계(욕계, 색계, 무색계)를 벗어나야 하느니라. 만약 이렇게 하지 못하면 결국 청정한 승단을 더럽힘이라. 여전히 언행이 거친 상태로 시주물만 헛되이 받아쓰며 지난날의 행동상태에서 조금도 변하지 않은 채 일생을 흐리멍텅하게 보낸다면 무슨 실다운 것을 구득할 수 있으리오. 현대도 당당한 풍채와 용모는 훤칠하니 이는 모두 전세에 선근을 심어 그 과보로 받은 결과라. 곧장 입음새를 단정히 하고 두 손을 모은 채 촌음을 아끼지 말아야 하니 공부를 열심히 하지 않으면 바람직한 결과를 이룰 수 없나니 어찌 일생을 헛되이 보내리오.

마음속으로 불법의 동량을 바라고 후학의 귀감이 되어야 하니라. 늘 그와 같은 자세라도 조금도 온전하다 할 수 없다.

말을 함에는 많은 책들을 섭렵해야 하며 널리 옛 것을 살펴야 하느니라. 풍모가 아주 준수하고 성정이 조용하며 고상해야 하느니라. 멀리 길을 나섬에는 반드시 어진 도반과 함께하여 자주 경문을 넓히고 머물 때도 반드시 친구를 가려 사귀고 때때로 미처 듣지 못한 말씀들을 들어야 하느니라. 그런고로 성인이 이르기를 나를 낳은 분은 부모요, 나를 이루는 자는 친구라 하니라. 몸소 선禪에 가까이 하는 자는 안개와 이슬 속을 가는 것 같아 비록 옷이 물에 흠뻑 젖지는 않지만 때때로 물기로 눅눅해지는 거와 같도다. 악惡을 즐겨 익힌 자는 악지견을 길러 밤낮으로 악한 일을 짓게 되어 곧 목전에 그 과보를 받게 되고 죽은 후 바로 지옥으로 떨어지도다.

한 번 사람 몸을 잃으면 만겁에 걸쳐 다시 받아나기 어려우니 좋게 충고하는 말은 귀에 거슬리겠지만 어찌 맘 속 깊이 새겨두지 않으리오.

곧장 마음의 티끌을 쓸어내고 덕을 길러 속세에서 자취를 감춰 심산궁곡에서 정신을 깨끗이 닦아 시끄러운 경지를 벗어나야 하느니라. 만약에 참선하여 도를 터득하고자 하여 온갖 방편의 문을 즉시 뛰쳐나와 마음으로 불도에 계합하고 정묘한 이치를 다 궁구하며 깊고도 오묘한 진리를 찾아 도의 근원을 깨닫고자 함인데는 널리 선지식에게 묻고 착한 도반들을 가까이해야 하느니라.

이 종지는 그 묘리를 깨치기가 어려우니 부디 빈틈없이 그 마음을 써야 하느니라. 대뜸 바른 방편을 알면 그것이 바로 번뇌에서 벗어나는 계제階梯라. 이것이 바로 삼계와 이십오유(삼계 중 25종의 중생세계)를 벗어남이라.

내외의 모든 법이 실답지 않나니 이는 모두 마음 작용의 소치라. 모두가 임시방편 삼아 이름 붙였을 뿐이니 마음으로 집착할 필요가 없느니라. 단지 인정이 물상에 가 붙지 않으면 물상이 어찌 사람을 장애하리오.

불성은 어디에나 편만하여 끊어지거나 지속됨이 없다. 소리를 듣거나 물색을 봄에 그것은 다 일상적이라. 어느 곳에서나 불성을 활용해도 부족함이 없나니 이와 같이 행동하면 실로 법복을 잘못 입은 것이 아니로다. 또한 사은(부모, 사승, 국가, 시주)에 보답하고 삼유를 벗어나며 세세생생토록 수위修位에서 물러나지 않는다면 결정코 부처가 되리라. 아니면 적어도 환생할 때마다 삼계에 걸쳐 귀인이 되고 타의 모범이 되리라.

이 도는 아주 현묘하니 다만 마음으로 받아들여야 하나니 반드시 그 대를 속이진 않으리라. 중하근기로써 단번에 깨닫지는 못해도 교법을 항상 마음속에 간직한 채 정진하며 그 뜻을 열심히 탐구하고 널리 펴서 후배들을 잘 이끈다면 부처님의 은덕에 보답함이 되어 세월을 헛되이 보내는 것이 아니로다. 반드시 이런 자세를 견지하면 한 자리에 머문 위의로 봐서 타의 모범이 되리라.

큰 소나무에 의지한 칡은 위로 높이 솟아나니 뛰어난 것에 의지하면 바야흐로 이익이 많으리라. 재계齋戒 닦기를 간곡히 바라오니 함부로 그것을 소홀히 하거나 무시해서는 안 되느니라.

세세생생에 인과는 아주 묘하니 공연히 하는 일 없이 세월을 보내서는 안 되느니라. 아깝도다. 시간이여! 정진을 하지 않고 다만 시방의 시주물만 받아쓰면 바로 사은을 져버리게 되는지라. 쌓이는 번뇌가 더욱 많아지고 마음이 티끌로 쉬이 덮여 하는 일마다 꽉 막혀 사람들이 업신여기느니라.

옛 사람이 이르기를 그가 이미 장부라면 나 역시 그러함이니 스스로 가벼이 여겨 물러서지 말아야 한다하니라. 만약 그같이 행하지 않으면 다만 승단에 머문 채 일생을 허송하여 전연 일신에 이익되는 바가 없으리라.

엎드려 바라오니 각별한 마음으로 일상에서 고승대덕을 본받을지언정 용렬하고 미천한 무리들을 함부로 따르지 말지니라.

금생에 결정코 스스로 단안을 내려야 하나니 반드시 다른 사람을 통할 필요가 없느니라. 마음을 쉬고 연분을 잊어 제반 경계와 더불어 상대감을 짓지 말아야 하니라. 원래 마음은 비었고 경계는 고요하지만 다생 간 마음이 막혀있어 훤히 통하지 못했기 때문이라.

이 글을 익히 읽고 때때로 조심해 살펴 반드시 주체자가 될지언정 인정에 끄달려서는 안 되느니라. 자기가 지은 과보는 진실로 피하기 어려우니 발하는 소리가 온화하면 반향이 순하고 형상이 곧으면 그 그림자도 바르도다. 이같이 인과가 분명하거늘 어찌 자기가 한 일에 근심걱정이 없으리오. 따라서 경에 이르기를 가사 백 천겁이 지나도 지은 업은 없어지지 않고 인연이 모일 때 그 과보를 바로 받으며 삼계에 걸쳐 그 값을 치르나니 애써 부지런히 닦고 닦아 헛되이 세월을 보내지 말라하니라. 여태까지의 잘못된 점을 깊이 깨달아 바야흐로 몸소 실천궁행토록 권하도다.

무량한 세월에 걸쳐 사람 몸을 받을 때마다 함께 동도자同道者가 되기를 바라면서 이같이 가슴에 깊이 새길 몇 마디 말을 했느니라.

환상 같은 육신에 꿈속의 집이여, 공중에 핀 꽃이로다. 지난날이 끝없는데 앞으로 올 날이 어찌 끝이 있으리오. 여기서 솟았다가 저기서 침몰하여 오르고 내리느라 아주 피곤함이로다. 일생동안 삼류(무상, 부정, 고통)을 면치 못하니 어느 때 몸과 마음을 푹 쉴 수 있으리오.

몹시도 그리워하는 세상살이는 오음과 십이인연이 근본바탕이 되나니 나서 죽을 때까지 조금도 깨친 바 없어 근본무명은 이로 인해 더욱더 짙도다. 가는 세월을 아껴야 하나니 찰나도 보장할 수 없느니라. 이생을 헛되이 보내면 내생에도 마음이 꽉 막혀 고해를 벗어날 기약이 없다. 미혹이란 미혹은 모두 여섯 가지 도적(눈, 귀, 코, 혀, 몸, 뜻)으로 인해 중생으로 하여금 육도(지옥, 아귀, 축생, 아수라, 인계, 천계)를 오르내리게 하고 삼계(욕계, 색계, 무색계)에 걸쳐 엉금엉금 기어 다니게 하도다.

재빨리 눈 밝은 대사를 찾거나 고승대덕을 가까이 하여 몸과 마음에 걸친 의혹을 풀고 그 원인을 밝혀내 그로써 수많은 번뇌에서 벗어나야 하느니라.

세상사는 본래 실체가 없어 피상적이라. 그러기에 잡다한 인연인들 어찌 나를 괴롭힐 수 있으랴?

　법리를 궁구함은 결국 깨침으로서 궁극의 법칙으로 삼아야 하나니 마음과 경계를 다 버리고 마음속에 담아두지 말지어다. 육근이 고요하면 가고 머묾이 고요하고 한 마음이 일어나지 않으면 만법이 모두 사라지도다.

2. 장로자각색선사 귀경문

(수행 본보기 보임 글)

　　중국선의 초조인 달마대사가 거처했던 숭산 소림굴 앞에 두 그루의 계수나무가 있어 그늘을 드리운 이래 좀처럼 피지 않는 우담발라화가 피듯 백장 회해가 처음으로 총림을 개설하였다. 이는 본디 대중을 위함이라. 이로써 많은 수좌들을 일깨워주기 위해 장로가 있게 되고 대중에 모범이 되어 생활의 질서를 도모하고자 수좌를 두게 되고 사寺내 각종 소임의 부족함과 지나침을 살피기 위해 감원을 두고 여러 스님들 생활의 화합을 도모코자 유나를 두고 중승에게 공양을 올리고자 전좌를 두고, 대중을 위해 일 년간의 잡다한 업무를 처리코자 직세를 두고, 사중생활에 물전物錢의 출납을 위해 고두를 두고, 여러 스님을 대신해서 문장을 주관키 위해 서장을 두고, 대중을 위해 부처님의 바른 가르침인 장경을 수호하기 위해 장주(藏主)를 두고, 대중을 대신해서 시주자들을 잘 접대키 위해 지객을 두고, 대중을 대신해서 큰스님들의 부르심에 응하고자 시자를 두고, 대중을 위해 의발을 잘 간수코자 요주를 두고, 대중의 간병을 위해 당주를 두고, 대중의 씻고 빨래함을 돕기 위해 욕주浴主와 수두를 두고, 대중의 추위를 막기 위해 탄두와 노두를 두고, 대중들의 각종 탁발을 돕기 위해 가방, 화주를 두고, 대중의 힘든 일을 대신하고자 원두, 마두, 장주(莊主)가 있고, 대중을 위해 불결한 곳을 씻어내기 위해 정두를 두고, 여러 스님들의 잔일들을 돕기 위해 정인을 두느니라.(곧 총림의 소임 배정) 이리하여 수도하는 조건이 충분하고 일상생활에 필요한 것들이 두루 다 갖춰지게 되어 어느 하나 걱정될 것이 없어 일심으로 정진할 수 있나니 그야말로 스님들은 세상에서 아주 존귀한 신분이요, 홍진紅塵을 멀리 떠나와 유유자적할 수 있도다.

신심이 청정한 중에 아무 일도 하지 않음은 스님에 비할 바 없나니 많은 사람들의 헌신을 생각하면 어찌 고마움을 알아서 보답하지 않을 수 있으리오. 새벽녘부터 참구해서 의심이 있으면 저녁에 선지식에게 청익하여 촌음도 예사롭게 허비해선 안 되느니라. 그러므로써 장로의 고마움에 보답함이요, 상하에 질서가 서고 행동거지가 조용하며 빈틈이 없어야 수좌의 고마움에 보답함이라. 밖으로 불법을 따르고 안으론 생활세칙을 지킴으로써 감원의 고마움에 보답함이요, 육화정신(신화동주身和同住, 구화무정口和無諍, 의화동열意和同悅, 견화동해見和同解, 이화동균利和同均, 계화동수戒和同修)으로 함께 모여 물과 우유와 같이 서로 잘 어울려야 유나의 고마움에 보답함이라. 도업을 위해 이 공양을 받는다는 생각을 해야 전좌의 고마움에 보답함이요 승방에 편히 머물되 일용의 여러 물건들을 잘 간수하고 아껴 써야 직세의 고마움에 보답함이라. 시방승들이 늘 쓰는 공용물을 훔치거나 훼손시키지 않아야 고두의 고마움에 보답함이요, 손에 필을 가진 채 머리에 붙은 불을 끄듯 황망히 돌아다니지 않아야 서장의 고마움에 보답함이라. 밝은 창가에 깨끗한 책상을 놓고 앉아 부처님의 가르침으로 내 마음을 비춰 봄으로써 장주의 고마움에 보답함이요, 자신의 자취를 심산에 감추고 부귀인들을 뒤따르지 않아야 지객의 고마움에 보답함이라. 항상 한 자리를 지키고 있어 뉘가 부르면 선뜻 달려 나갈 수 있어야 시자의 고마움에 보답함이요, 물병 하나와 바루대 한 벌로 대중에 처하기를 산과 같이 듬직해야 요주의 고마움에 보답함이라. 병들어 괴로워하는 이를 안심시키고 사정에 맞게 죽과 탕약을 알맞게 받들 줄 알아야 당주의 고마움에 보답함이요, 느긋하고 차분한 거동을 취해 수인水因(물의 의미)에 어둡지 않아야 욕주와 수두의 고마움에 보답함이라. 말없이 순순히 남에게 따뜻한 자리를 양보함이 탄두와 노두의 고마움에 보답함이요, 자기의 수행정도를 헤아려 부족한 점을 완전히 하고서 공양을 해야 가방, 화주의 고마움에 보답함이라. 공덕의 많고 적음과 그것이 온 곳을 살펴야 원두, 마두, 장주莊主의 고마움에 보답함이요, 물을 긷고 측간의 밑닦개용 댓조각들을 옮겨 놓으며 낯부끄러운 감을 느껴봐야 정두의 고마움에 보답함이요, 관용심이 있어 타인들이 따르기 쉽고 단순 명쾌하여 받들기 쉬워야 정인의 고마움에 보답함이라.

이렇게 하여 총림에서의 수도여건이 아주 새로워져 상근기는 한 평생 뭐든 맘대로 가져다가 처리하고(융통 자재) 중근기는 성인이 될 심지를 기르나니 극적으로 마음을 깨치지 못해도 시의 적절히 처신함으로써 함부로 그를 내치지 못하니 이런 이가 진실한 승보며 세간의 복전이 되도다. 가까이로는 말법에 있어서 불도의 입문적 귀감이 되고 마침내 지혜와 복전을 갖춘 부처 경지를 증득하리라.

만약 총림을 다스리지 못하고 법륜을 굴리지 못하면 장로가 대중을 위한다고 할 수 없고 삼업(신, 구, 의)이 조화롭지 않고 사위의(행주좌와)가 엄숙하지 않으면 수좌가 대중을 이끌어 나간다고 할 수 없음이라. 대중을 포용하는 아량이 넓지 않고 대중을 보살피는 마음이 두텁지 않으면 감원이 대중을 옹호한다고 할 수 없음이요, 수좌들을 불안케 하고 무리를 해치는 자를 내보내지 않으면 유나가 대중을 편안케 하는 것이 아님이요, 육미(쓰고, 달고, 짜고, 싱겁고, 떫고, 매운 것)가 정결하지 못하고 삼덕(청정, 유연, 여법)을 갖추지 못하면 전좌가 대중을 봉양한다 할 수 없음이라. 헐어진 사우寺宇를 수리하지 않고 일용할 물건들을 미리 갖추지 않으면 작세가 대중을 편안케 한다 할 수 없음이요, 일용할 물량을 쌓아 두고서도 대중의 수를 줄이면 고두가 대중을 위한다 할 수 없음이요, 각종 서체를 익혀 공부하지 않고 문자가 짧으면 서장이 대중을 아름답게 빛낸다고 할 수 없음이라. 책상에서 엄숙한 자세로 독서하지 않고 번잡하게 시끄러움만 떤다면 장주가 대중을 보살피는 것이 못됨이요, 가난을 싫어하고 부를 좋아하며 속인을 중히 여기고 스님을 가벼이 여기면 지객이 대중을 돕는 것이 아니요, 언행이 불손하고 상하에 질서가 없으면 시자가 대중의 명을 받든다고 할 수 없음이라. 정리를 잘하지 못하거나 잘 갈무리하지 않으면 요주가 대중을 위함이 아니요, 시봉하는데 익숙하지 못하고 환자를 괴롭히면 당주가 대중을 부조扶助하지 못함이요, 끓인 물이 부족하거나 차고 더움이 알맞지 못하면 욕주와 수두가 대중을 돌봄이 아니요, 사전에 준비하지 않고 대중에게 근심을 끼치면 노두와 탄두가 대중에게 마음을 기울이지 않음이라. 재물에 임해 공평하지 않고 애써 신심을 다하지 않으면 가방, 화주가 대중을 공양코자 하는 마음이 부족함이요, 땅의 지력을 다 이용하지 않거나 사람의 일품을 온전히 들이지 않으면 원두, 마두와 장주가 대중을 대신한다고 할 수 없음이요, 게을러 할 일을 포기하고 제반 갖출 걸 마련하지 않으면 정두가 대중을 받든다고 할 수 없고 금하는 것을 그만두지 못하고 명한 것을 실행하지 않으면 정인이 대중의 뜻에 따른다할 수 없느니라. 반면에 만약 비구가 법사를 가벼이 보거나 법을 업신여기고 마음 내키는 대로 인연을 따른다면 장로의 도리에 다르지 못함이요, 앉고 눕는데 질서가 없거나 거동이 별나게 어긋나면 수좌의 도리에 따르지 못함이요, 마음으로 부처님을 가벼이 여기고 총림 대중을 두려워하지 않으면 감원의 도리에 따르지 못함이라. 상하가 불화하고 애써 다투기만 하면 유나의 도리에 따르지 못함이요, 맛있는 음식만 탐하고 거친 음식을 싫어하면 전좌의 도리에 따르지 못함이요, 방이나 물건을 씀에는 다음 사람을 생각지 않는다면 직세의 도리에 따르지 못함이라. 재물의 이익을 많이 탐한 나머지 대중이 함께 쓸 상주물이 줄어듦에 근심하지 않으면 고두의 도리에 따르지 못함이요, 붓과 벼루를 가지고 잡문을 쓰기에 여념이 없으면 서장의 도리에 따르지 못함이요, 내전(불경)을 업신여기고 외전(잡서)만 찾아보면 장주의 도리에 따르지 못함이라. 세속의 선비를 따르고 벼슬아치와만 사귀면 지객의 도리에 따르지 못함이요, 부름을 받고서도 깜박 잊고 무리 속에 오래 앉아 있으면 시자의 도리를 따르지 못함이요, 자기의 올곧지 못한 언동으로 남을 해치고 갈무리를 섣불리 하여 도둑질을 가르친 격이 되면 요주의 도리에 따르지 못함이요, 병든 몸으로 걸핏하면 화를 잘 내며 병간호를 잘 따르지 않으면 당주의 도리에 순응치 못함이요, 물그릇을 다룸에 소리를 내고 아낌없이 물을 쓰면 욕두와 수두의 도리를 따르지 못함이라. 자기 한 몸 따뜻이 하고자하여 많은 사람에게 방해를 끼치면 노두와 탄두의 도리를 따르지 못함이요, 수행정진을 하지 않고 편안히 앉아 공양만 받으면 가방화주의 도리에 따르지 못함이라. 종일토록 밥만 배불리 먹고 공부하지 않으면 원두, 마두와 장주의 도리를 따르지 못함이요, 벽에다 콧물과 침을 내뱉는다거나 화장실을 마구 더럽히면 정두의 도리를 따르지 못함이며 오로지 위엄만 부리고 내심으로 수양이 없으면 정인의 도리를 따르지 못함이도다.

회오리바람이 수천바퀴를 감돌아 부나 여전히 미치지 못한 곳이 있듯이 단지 모두들 단점을 버리고 장점을 좇아 출가자의 할 일을 함께 힘써 행할지어다.

바라는 바는 사자굴 속에서는 모두가 사자가 되고, 전단나무(가장 좋은 향나무 일종) 숲속에서는 모두가 전단나무화가 되나니 부처님이 열반하신 후 마지막 오백년 기간(투쟁 견고의 말법시기)에 다시 부처님을 친견하고자 함이라. 그렇다면 결국 불교의 흥폐도 다 출가사문에 달려있으니 사문은 중생에겐 존경의 밭이라. 응당 중생들이 스님을 존숭해 받들 수 있어야 하나니 승이 중하면 불법이 중하고, 승이 가벼우면 불법 역시 가벼워지도다. 안으로 선심을 길러 심히 엄숙하고 밖으로 제악을 예방하여 반드시 근신해야 하느니라.

설사 죽과 밥만을 축내는 사문이라도 한 평생 조사 스님들의 덕화로 총림의 소임을 우연히 맡게 되었다면 늘 동도자들을 존중해야지 함부로 교만을 피워선 안 되느니라. 만약 아만을 피우면서 공물을 사사로이 유용하면 매사가 무상함이라. 어찌 오래 비밀을 보전할 수 있으랴. 언젠가 소임을 놓고 평 대중으로 돌아오면 무슨 면목으로 서로 바로 볼 수 있으리오. 인과는 한 치의 오차도 없어 벗어나기 어려우니라. 사문은 부처님의 제자라 부처님과 다름이 없나니 천인과 인간이 다함께 공경하는 바이라.

소임자들은 대중을 위해 두 때에 걸친 죽과 밥을 마땅히 넉넉히 해야 하며 사종의 공양(음식, 의복, 탕약, 침구)에 부족함이 없도록 해야 하느니라.

세존께서 이십년의 수명을 제자들에게 물려주셨고, 백호상(부처님 두 눈썹 사이 흰 터럭 광명)의 한 푼의 공덕도 다 받아쓰지 못하나니 단지 대중을 공봉供奉할 뿐 가난을 두려워하지 말지어다.

승단은 개인적 조건을 떠나 시방 각처에서 와 이뤄졌으니 다 같이 사원에서 하루하루를 살아가면서 어찌 함부로 싫다 좋다 분별심을 내어 객승이라고 푸대접할 수 있으리오. 객실에서 삼일 정도 잠시 머물 때에 예를 다해 대접해야하며 지나는 도중 절에 잠시 공양을 구하면 평등한 마음으로 공양해야 하나니 세속의 손님도 외려 잘 영접함인데 같은 사문을 차마 흔쾌히 맞이하지 못할 손가. 마음을 한량없이 쓰면 자연히 한 많은 복을 누리게 되도다. 승단은 화합이라 상하가 한 마음이 되어야하니 서로 간에 단점이 있어도 반드시 감쌀 것이고 사중의 불미스러운 것을 발설하지 말아야 하느니라. 그로 인해 당장 일에 지장이 없을지라도 결국엔 사람들로부터 신망을 잃게 되나니 마치 사자 몸에 붙은 벌레가 사자의 육체를 잠식해버리는 거와 같도다. 외도나 천마에 의해 승단이 파괴되지 않나니라.

만약 도풍을 퇴락되지 않게 하고 부처님의 자비광명을 늘 밝히고 조사들 대대로 전해진 법 등의 찬란한 빛을 더욱 성대히 하며 조정朝廷의 성스러운 교화(한나라 차원의 법회)를 돕고자 함인데 이 말로써 귀감으로 삼기를 간곡히 바라노라.

○. 부(부록) 자경문
(스스로를 경계함)

신령한 마음을 훤히 비춰봄에는 묵언이 으뜸이라. 이미 입을 꼭
다물라고 타일렀음인데 의당 사실四實(여언如言, 실언實言, 불망어不妄言,
불이언不異言)을 지켜야 하나니 거동이 부처님의 말씀에 상응되고 말
의 이치가 불경에 부합되어야 바야흐로 능히 교범에 보탬이 되도다.
조사님의 법을 드날리고 자리自利와 이타利他행을 함부로 말해선 안
되느니라.

만약 남몰래 국사를 논하거나 사사로이 벼슬아치를 평하며 나라
의 흉, 풍년을 논하고 한 지방의 풍속의 좋고 나쁨을 논하거나 나아가
서 각종 생업의 사소한 잡사, 시정의 쓸데없는 항담巷談, 국경지방의

병정兵情, 각처의 도적떼 문장과 재주, 그리고 의식과 재물 등을 얘기 삼거나 자기의 장점을 자랑하고 남의 좋은 점일랑 애써 숨기며 이미 밝혀진 허물을 널리 퍼뜨리고 하찮은 결함을 들춰낸다면 벌써 복 짓는 일에서 어긋남이요, 도를 닦는 마음에 아무런 도움이 없느니라. 이와 같은 실없는 말들은 참다운 덕을 손상시키나니 아무 하는 일없이 시주물만 축내면 우러러 하늘보기가 부끄러워지리라. 죄는 본시 한 잔의 물 정도에서 시작되어 마침내 사람의 정수리를 잠기게 하나니 무슨 까닭인가? 중생의 고통에 불이 사방에서 훨훨 타고 있거늘 어찌 편히 앉아 의미 없는 말만을 하고 있으리오.

3. 영명 지각 수선사
(경계를 내림)

도를 닦아 들어가는 문에는 특별한 방법이 없나니 단지 육근에 의해 무량한 세월에 걸쳐 쌓인 업식 종자를 씻어내기만 하면 되도다. 여러분들이 번뇌 망상을 소멸하고 망연을 끊어버리며 세간의 일체 애욕경계에 대하여 마음을 목석과 같이하면 비록 도안을 밝히지 못할지라도 자연히 신업身業이 깨끗해지리라.

만약 참된 도인을 만나면 모름지기 살뜰한 마음으로 가까이해야 하나니 설령 도인을 만나 거량한 법문으로 즉시 확철대오를 못하거나 장기간에 걸쳐 스스로 배우고 닦아 뜻한 바를 성취 못해도 법을 한 번 귀에 스치게만 하여도 영원히 자기에게 도의 씨가 되어 세세생생토록 악취惡趣에 떨어지지 않고 또한 사람 몸을 잃지 않게 되도다. 그리하여 언젠가 이 고해를 벗어나 후신을 받을 시 한 번 들으면 천千을 깨달을 수 있을 만큼 영명해지나니 그런고로 애써 정진해야 하느니라.

참된 선지식은 중생 가운데서 가장 귀한 인연이 되고 능히 중생을 제도하여 깨닫게 할 수 있도다.

심히 슬프도다! 허풍치기 좋아하는 한 떼의 선자禪者들이 오로지 겉치레만 익혀 도무지 실다운 법력이 없나니 걸음마다 유를 행하면서도 입으로는 공을 논하느니라. 또한 스스로 업력에 의해 끄달리는 것을 꾸짖지 않고 더욱이 사람들로 하여금 인과를 무시하고 술과 고기를 먹어도 보리(覺)에 지장이 없고 음행을 행하여도 반야(지혜)에 방해가 되지 않는다고 말하게 하느니라. 그리하여 살아생전 국법에 저촉되는 경우도 있고 죽어가서는 아비지옥에 떨어져 갖은 고통을 다 받고나서 또 축생과 아귀도에 들어가 백천만겁토록 벗어날 기약이 없게 되도다.

다만 한 생각 돌리면 곧장 삿된 것이 바르게 되나니 만약 스스로 잘못을 참회하지 않거나 수행정진하지 않으면 많은 부처님이 곁에 임해도 너를 구할 방도가 없으리라.

만약 네 심장과 간을 베어내도 목석과 같아야 바로 육식을 할 수 있으며 술을 마시되 분뇨를 취하는 거와 같아야 바로 음주할 수 있으며 용모가 단정한 남녀를 보되 시체를 봄과 같아야 곧장 음행할 수 있으며 재화에 임하여 더러운 썩은 흙같이 볼 수 있어야 그것을 빼앗거나 훔칠 수 있느니라.

비록 수련하여 그러한 경지에 이른다할지라도 네 자의恣意적인 마음을 따라서는 안 되나니 끝내 무량한 성신聖身을 증득해야 비로소 세간의 역순경계에 걸쳐 무애자재하게 행할 수 있도다.

옛 고승의 하신 말씀에 어찌 다른 뜻이 있으리오. 단지 말법의 승니들이 금계를 지키지 않고 저 무지하면서도 착한 중생들을 속여 다분히 도심道心에서 물러나게 할까봐 염려하여 금계禁戒를 널리 엄히 행하게 하시니라.

많은 경론에서 설하기를 만약 음행을 제거하지 않으면 일체의 청정종자를 끊게 되고 도둑질을 제어하지 못하면 일체 복덕 종자를 끊게 되고 육식을 제어하지 못하면 일체 자비종자를 끊게 된다고 삼세간의 많은 부처님들이 이구동성異口同聲으로 말씀하셨다. 천하의 그 많은 선사들이 한 소리로 널리 말씀하시거늘 어찌 후학으로서 데면데면하게 여겨 듣지 않고 스스로 정법을 훼손하면서까지 도리어 마군의 말을 듣고 행하고자 하는가?

다만 전생에 악업의 결과로 이생에 태어나서 삿된 스승을 만나니 선의 기운은 사라지기 쉽고 악의 뿌리는 제거하기 어려우니라.

옛 스님들이 말씀하시되 한 번 마군의 행위를 보면 많은 화살이 가슴을 꿰뚫는 것 같이 여기고 한번 마군의 말을 들으면 많은 송곳으로 자기 귀를 찌르듯 하라는 말씀을 어찌 그대들은 들어보지 못했는가? 어서 마군의 언행을 멀리 여의고 듣고 보지도 말며 각자가 자기 마음을 궁구할지니 절대로 안이한 마음을 갖지 말지어다.

부(附). 팔일 성해탈문
(여덟가지 성해탈의 충분조건)

    예불하는 것은 부처님의 공덕을 존경함이요, 염불하는 것은 부처님의 은혜를 갚는 것이요, 계를 지키는 것은 부처님의 행동을 따라 하는 것이라. 경을 읽는 것은 불교의 이치를 밝히는 것이요, 좌선하는 것은 부처님의 경지에 도달하는 것이라. 참선하는 것은 부처님의 마음과 합하는 것이요, 깨치는 것은 불도를 증명해 보이는 것이요, 설법하는 것은 부처님의 소원을 충족시키는 것이니라. 하지만 실상 법성의 경지에선 조금도 영향 받음이 없고 불교를 교화함에는 어느 것 하나라도 버릴 것이 없느니라. 이상의 여덟 가지는 공간의 네 방위와 같아 하나라도 빠뜨릴 수가 없도다. 예나 지금이나 법은 한결 같나니 육바라밀을 겸해서 닦아야 하느니라.

　육조 혜능대사가 이르시기를 공에 집착된 이는 한 쪽으로만 치우친 채 문자를 사용하지 않나니 자기가 어두운 것은 좋거니와 결국 불법을 비방하는 꼴이 되느니라. 한쪽으로 치우친 죄장罪障이 심중하니 가히 경계하지 않으리오.

4. 설두 명각선사 벽간유문
(벽장 속에 남긴 글)

　　조사의 법등을 잇고 불법을 상속함은 예사로운 일이 아니도다. 의당 먼저 중생이 앙모仰慕할 만큼 수행하여 위의를 엄숙히 하고 뛰어난 존자들을 존중해야 하느니라. 성냄과 욕망을 참고 성질과 마음을 잘 다스려서 명리에 맘이 움직이지 말고 이익과 손해에 개의치 말며, 세상의 높고 낮은 신분을 괘념치 말아야 하니라. 사람들의 시비심에 빠져들지 말아야 하며 흑백심을 가슴에 묻어두고 기쁨과 노여움을 안색으로 나타내지 말아야 하느니라. 다른 사람의 즐거움을 자기의 것으로 여기고 다른 이의 근심사를 자기의 것으로 여겨야 하니라. 많은 성인과 현인들을 맘으로 받아들이고 매사에 인욕하여 예의를 실천해야 하느니라. 조그만 실수로 인하여 평소의 훌륭한 점을 잃지 않도록 하고 또한 대중의 의사에 배반되지 않게 하며 평소의 거칠고 부족한 점들은 마음을 닦아 보충해야 하느니라. 게다가 자기의 재능을 자랑하거나 타인의 세력에 의지하지 말고 자기의 단점을 감추지 말며 타인의 장점을 숨기지도 말 것이니라. 타인의 덕행을 보면 자신도 그렇게 할 것을 잊지 말고 높은 자리에 앉게 되면 미천했던 때를 잊지 말지니라. 그런데 배움은 본래 마음을 닦는데 있나니 어찌 사람들이 알아봐 주지 않는다고 원망하랴? 도는 온전한 삶을 귀하게 여기나니 결코 세간에 쓰임을 중히 여기지 않느니라. 사람들은 의리를 흠모하기 마련이라. 언제나 남에게 사양하고 마음을 돈독히 하여 법을 궁구할 것이며, 많은 경을 널리 섭렵하여 묘한 종지를 깊이 알아 봐야 하느니라.

자비의 방을 떠나지 말고 인욕의 갑옷(가사)을 잠시라도 벗지 말아야 하며 구경열반에 속히 이르고자 함엔 반드시 야무지게 정진해야 하며 움직이고 그침엔 법도가 있고 사람들로부터 의심을 사지 않게 늘 언행을 조심해야 하느니라.

사람들을 업신여겨서는 안 되고 하늘을 속일 수 없느니라. 대중이 오고감에 막거나 붙잡지 말며 사람들의 헐뜯음과 비방에 화를 내거나 애써 앙갚음할 방도를 찾지 말며 안으로는 부끄럼이 없고 밖으론 근심할 바를 사전에 없애야 하느니라. 혹 명성이 아주 뛰어나다고 해서 교만하지 말며 재산이 풍족하여도 사취四趣(지옥, 아귀, 축생, 아수라)의 인과를 두려워해야 하고 삼보물이 호용互用되지 않도록 조심할지어다.

생사를 벗어난다고 해도 업의 고통은 피하기 어려우니 바야흐로 뜻을 성취하려면 자주 반성해 이익 도모를 정당하게 해야 하느니라.

몸은 측간(변소)과 같고 이익 도모는 보잘 것 없는 도적행위라. 백년도 잠시간이요, 삼계(욕계, 색계, 무색계)가 불안함이니 촌음을 아껴 해탈을 구해야 하느니라.

옛날 많은 조사님께서 모두 훌륭한 본보기행을 보였나니 석장 고승은 한결같이 농선일여農禪一如하셨고 단하 고승은 헤진 옷 한 벌로 일생을 지내셨고 조주 고승은 재를 머리에 가득 이고도(곧 흰 백발) 만행하셨느니라. 낭사고승은 풀을 엮어 이불로 삼았고, 어떤 승은 깊은 삼매로 오래 동안 정진했고 어떤 승은 임금이 불러도 나아가지 않았도다.

대체로 검약하면 잃음이 적고 사치스러우면 비방을 받게 되며 겸손하면 인품이 더 빛이 나고 물러서면 시기 살 일이 없으리라.

부처님이 열반하신지가 오래 됨에 따라 수도하기에 더욱 어려움이 있나니 때를 봐서 나아가고 물러섬을 잘 알아 자신에게 욕됨이 없도록 해야 하느니라.

5. 천태원법사 자계

(스스로에 경계함)

삼계란 넓디넓은 한 감옥에 중생들이 갇혀 갖은 고통을 받느니라. 본래 면목(인간 본래의 진면목)은 침몰된 지 오래되어 고삐 풀린 들말 마냥 맘대로 날뛰도다. 욕망의 불길이 공적의 수풀(곧 착한 마음)을 다 태우고 흐르는 탁한 물(곧 번뇌 망상)이 무명의 구덩이로 흘러들도다. 뭇 중생의 시끄러운 다툼은 그릇 속의 모기 꼴이라. 시끄럽게 울부짖는 소리가 잦아지는 듯 또 일어나도다. 한 땐 천상옥황상제 궁전에서 노닐다가 어느 땐 지옥 염라대왕의 가마솥 속에 끓이게 되나니 육도로 순환하다가 모태에 뛰어들어 냄새나는 살덩이로 얽혀 깨지기 쉬운 거품 같은 몸이 됨이라. 한 봉지의 핏덩이로 잠시 부지하면서 몇 개의 골격으로 몸을 지탱하도다. 칠정을 밖으로 내닫게 해 돌이킬 줄 모르고 육적(육식-眼耳鼻舌身意)은 각자가 제 맘대로 하고자 다투느니라. 스승의 따뜻한 가르침이라도, 지난날에 쌓은 업은 어쩔 수 없어 여전히 탐하고 화냄이 늑대와 호랑이 같도다. 한 때 심기일전하여 온갖 방편 다 동원해서 노여움과 원성을 참으며 갖은 고행 다하여도 귀천, 현우, 나와 너, 시비와 영욕심은 옛날과 같도다.

해와 달이 자연히 하늘을 갈고 가니 동안백발童顔白髮이라도 결국엔 다 한줌의 흙이 되도다. 아, 슬프도다! 눈 깜짝할 사이 늙바탕이 되어 세파에 따라 할 일 없이 세월에 실려 흘러감이로다. 돌아가신 옛 성인과 현인들을 추억하면 홀로 소매로 얼굴을 가리고 부끄러워하게 되도다.

지금 주인공을 찾으면 생사의 마귀가 온데도 나를 그가 어떡하랴? 옛날에 익힌 재주랑 아예 뽐내지 말고 지금의 생활에서 부지런히 정진해야 하느니라. 시비경계에 마음을 두지 말고 명성과 잇끝에 초연해야 하나니 다만 자기에게서 허물을 찾을지언정 함께한 무리들과 장단을 비교하지 말지어다.

한 줄기의 신령한 빛이 서방정토를 비추게(곧 깨침, 열반)되면 여러 가지 방편으로 중생을 교화할 지어다.

보잘 것 없는 데서 헛된 명예를 구하지 말고 오직 부처님 계신 도량에서 선지식을 참견할지어다.

저 생노병사의 이치를 터득한다면 단지 살아생전 이 생애만 괴로워함이라. 수행은 끝으로 갈수록 더욱 어려워지나니 척추를 곧추

세우고 자세를 흐트려서는 안 되느니라. 저울의 기본눈금(원점, 곧 마음)을 잘못 알지 말고 스스로 옷 속의 보배(곧 불성)를 굳게 간직할지어다.

법계내 원수거나 친한 이가 다 함께 흰 소(일불승)를 타고 열반을 향한 곧고 바른 길을 따라 갈지어다.

6. 자운식 참주서신
(웃큰띠에 적어 자계함)

지백아,(자운 준식 승의 字) 너는 매일 행하는 일을 돌아봐서 선법을 해치는 짓은 의당 멀리하고 악을 줄이는 행위는 한층 더 많이 해야 하느니라.

입으로는 스스로를 자랑하지 말고 내심으로는 스스로를 속이지 말 것이며, 남을 해치고자 하는 음흉한 마음을 품지 말고 겉으로는 허세를 부리지 말지어다.

인간의 명예를 구하고자 하여 자기의 사리사욕을 쌓아간다면 그것은 바로 의로움을 죽이는 짓이요, 화를 불러들이는 문이 되느니라. 스스로 자기의 덕에 의지하면 결국엔 비방이 따르고 스스로 자기의 높은 경지를 자랑하면 결국엔 반드시 허물이 있게 되도다.

인연 짙은 사람들이 떼를 지어 찾아들지라도 너는 마땅히 그들을 멀리해야 하고 잇끝은 털끝만치라도 응당 두려워할 것이며 매사를 사려 깊게 생각해야 하느니라.

여러 가지 악들을 징계하자면 어떻게 행하면 좋은가? 좋은 향과 아름다운 연꽃 송이를 공양 받더라도 입으로는 염불과 간경을 쉬지 말며 맘속으로는 딴 생각을 해서는 안 되느니라. 참선과 예불을 부지런히 할 것이며, 의식을 검약하게 하고 수도를 향한 초심엔 변함이 있어선 안 되느니라.

세간의 문장을 짓는 일은 이미 부처님이 경계하신 바와 같고 사람들의 장단점을 논함은 마땅히 삼갈지니라. 비록 친한 도반을 만나서도 수다를 떨지 말 것이며 빨리 흐르는 세월을 두려워하여 가만히 앉아 시간을 허비하지 말지어다.

파초같이 속이 빈 신세라. 네가 오래 존속할 기약이 없도다. 연화정토는 네가 정작 돌아갈 곳이니 밤을 낮으로 삼아 부지런히 수행정진 할지어다.

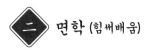

1. 고산원법사 면학편 병서

(학문에 힘씀의 서문)

중근기인들은 학문의 가치를 알면서도 실제론 배움에 게으름을 피우나니 그래서 면학 편을 지어 일깨워주고자 하노라.

<면학 상>

아, 안타깝도다! 배움은 잠시도 게을리 할 수 없으며 도는 잠깐도 여읠 수 없도다. 도는 배움을 인해 밝아지나니 배움을 어찌 게을리 하며 성현의 경지도 도로 말미암아 이르나니 어찌 도를 저버릴 수 있으랴. 따라서 모든 중생들이 배움을 게을리 하지 않으면 현인의 위치에 이를 수 있으며 현인으로 배움을 게을리 하지 않으면 성인이 될 수 있느니라.

염구(공자의 제자)의 학문정도가 안연(공자 제자)에 비견할 수 있으나 실질로 재능을 다 펴지 못했음은 근성이 게을렀기 때문이라.

공부자의 도를 다 기뻐하고 즐기지만 힘이 부족해 다 성취할 수 없나니 힘이 부족하면서도 중도에 그만 두게 될까봐 근심이 된다고 공자께서 말씀하셨다.

이제 너는 자기 스스로 자기 재능을 한정해 버렸나니 안연의 학문이 부(孔)자의 경지에 이르되 성사(공자)의 교화력을 갖추지 못했음은 단명하게 세상을 떠났기 때문이라. 만약 조서早逝하지 안했다면 어찌 공부자만 못했으리오! 그가 학문을 게을리 하지 않았던 까닭으로 안락(안연의 父)의 아들이 학문을 좋아했지만 불행히도 일찍 세상을 떠나 지금은 그러한 자가 다시는 없다고 공부자가 말했느니라.

혹인은 성인도 배웁니까? 하니 그게 무슨 말이며, 무슨 말이냐? 범인과 현인도 외려 배울 줄 아는데 어찌 성인으로써 학문을 게을리 하랴.

강한 하늘이 땅으로부터 부드러움을 능히 배우기에 사계절은 어기지 않게 되며 부드러운 땅이 하늘로부터 능히 강함을 배우기에 금석을 산출하며 양기가 발생하여도 금기로부터 스산한 기운을 배우기에 잎과 풀들이 시들어 말라 죽으며 음기가 스산해도 양기로부터 발생함을 배우기에 각종 곡초穀草가 싹이 트느니라.

대저 하늘이며 땅이며 양기며, 음기가 서로 배움에 게으르지 않는 소치로 만물이 산성産成되도다. 하늘이 땅의 유연을 배우지 않으면 덮어 가릴 수 없고 땅이 하늘의 강함을 배우지 않으면 만물을 담아실을 수 없고 양기가 음기를 배우지 않으면 열 수 없고 음기가 양기를 배우지 않으면 닫을 수 없나니 성인도 이와 다름이 없다. 천지 음양도 서로 간 본받아 행하니 이 네 가지가 서로 배움에 나태하지 않거늘 성인이 되어서 어찌 배움을 소홀히 하리오.

혹자가 강좌講座에서 일어나 말하기를 제가 학식이 얕지만 다행히 공부자께서 어리석은 이를 일깨워 주심에 성인의 학문을 배우고자 합니다하니라. 중용자(공부자)가 말씀하셨다. 다시 앉거라. 내가 네게 말하리라. 비록 어리석은 사람일지라도 생각을 바꾸면 성인이 되고 비록 성인이라도 생각을 속이면 우부愚夫가 되도다. 이런 까닭으로 성인은 잠깐 사이라도 정도를 생각하면서 공부하느니라.

공부자는 대성인이시라. 인류 가운데서 특출하사 사람이 있어온 이래 공자만한 이가 없는데도 노나라 주공의 묘소에 참배함에 사사건건 물은 것은 묘지기에게서 배우고자 함이라. 삼인이 길을 감에 그 중 선한 자를 택해 상종한다면 함께 감에서 배우는 것이고 노자老子에게 세 번이나 예를 물은 것은 서고의 사서원司書員이었던 노자에게서 배우고자 했음이니 공부자의 사람됨이 어찌 묘지기, 동행인과 노자만도 못했겠는가. 아마도 성인으로서 정도를 공부하지 않으면 우부에 이르게 될 걸 두려워했음이라. 그런 까닭에 매사에 진심을 다하고 거짓이 없는 사람은 있을 수 있으나 공구(공자)만큼 배우기를 좋아하는 사람으로서 그를 필적할 사람은 없느니라.

혹자는 성인은 태어나자마자 알게 되니 어떻게 꼭 배울 필요가 있느냐고 하니 알고서 배움은 성인이요, 배우고서 앎은 범인이라. 비록 성범聖凡 간에 다 함께 배워야 하나니 공자께서 이르시길 군자는 어쨌든 배워야한다고 하셨느니라.

자로(공자의 제자)가 말하길 남산에 대나무가 있어 인위로 바르게 하지 않아도 절로 곧나니 베어 사용하면 무소의 가죽도 꿰뚫을 수 있느니라. 이로써 보건대 어떻게 배움이 필요하리오. 공자께서 이르시길 화살에 오늬를 붙이고 깃을 달며 화살촉을 뾰족이 갈면 속으로 깊이 박히지 않겠는가하시니 자로가 제삼 경배하면서 삼가 가르침을 받아들이겠습니다. 라고 했나이다.

안타깝도다! 성인의 배움이 오늬, 깃, 뾰족한 촉으로 깊이 관통시킬 수 있는 것과 같나니 나면서 알 수 있다 해도 어찌 아무 하는 일 없이 가만히 앉아 배우지 않으리오.

<면학 하>

무릇 성인과 현인이라도 반드시 힘써 배워야 함이거든 현성 이하의 자질로서 어찌 배우지 않고 훌륭한 인품자가 되리오. 배움은 마치 음식과 의복 같도다. 인간에겐 성인, 현인, 범인이 있기 마련이라. 비록 이 삼자가 달라도 배고프면 음식을 찾고 목마르면 물을 찾고 추우면 옷을 찾음은 같나니 배움인들 어찌 다를 리가 있으랴. 오로지 금수토목禽獸土木은 배울 필요가 없느니라.

오, 슬프도다! 어리석은 사람은 음식을 즐김엔 싫어하지 않고 재물을 탐함에는 끝이 없지만 배움에 관해서는 아침에 배우다가 저녁나절이면 싫어하는 자가 있으며 봄철엔 열심히 배우다가도 겨울철이면 싫어하는 자가 있느니라. 이를테면 음식을 즐기고 재화를 탐함에 싫어할 줄 모르면서 어찌 박문博文이 되지 못하고 군자가 되지 못한 것을 근심하지 않은가. 옛말에 이르기를 세간엔 지극히 우둔한 자가 있었나니 콩과 보리조차 분별 못하고 한서寒暑의 변조變調 조차 감지 못했다 하니 어찌 그로 하여금 배우게 하며 어찌 그를 가르칠 수 있으랴. 이르기를 지극한 우치는 가르치지 않았기 때문이요, 배우지 않았기 때문이라 하니 만약 사승이 가르치는데 싫증내지 않고 학인이 게으른 근성이 아니라면 반드시 성인의 영역에 올라설 수 있나니 어떻게 숙맥을 구분 못함을 근심하리오. 또한 우치한 자라도 목마르면 물 마실 줄 알고, 배고프면 밥 먹을 줄 알며 추우면 옷을 입을 줄 아나니 이미 이 세 가지를 할 줄 안다면 초목과는 다름이라. 어찌 배울 수가 없으며 가르칠 수 없으리오. 사람이 아무리 우둔하다한들 어찌 하루에 한 마디 말도 기억할 수 없겠는가. 하루하루가 쌓여 한 달이 되면 삼십 말이 되고 다달이 쌓여 한 해가 되면 결국 삼백육십 말이 되나니 세월이 쌓이고 쌓여 수년이 되도록 소홀히 하지 않는 사람이라면 거의 박학다식에 가까워지리라. 게다가 하루에 하나씩 작은 선을 취해 배워 행해 날이 가서 달이 되면 몸에 서른 가지 선을 익히게 되고 달이 가서 한 해가 되면 몸에 삼백 육십 가지 선이 쌓이게 되니라. 그리하여 수년이 되도록 게을리 하지 않는 자면 또한 군자에 근접하지 않겠는가. 우치하고 소인배가 된 채 변치 않는 것은 배우지 않기 때문이라.

서경書經에서 길게 한숨을 쉬며 탄식해 이르기를 지혜가 남만 못하며 재주가 없어 학문을 그만 두는 것을 나는 일찍 부끄럽게 여겼으나 음식이 타인에 비해 적다고 물리치며 부끄럽게 여긴 적은 없느니라. 음식을 물리치면 생명을 잃게 되니 어찌 꼭 적은 것을 탓하며 학문을 그만두면 저 금수토목같이 되니 어찌 지혜와 재주가 타인만 못함을 원망하지 않으리오! 가령 재지才智가 남만 못하다고 배우지 않으면 응당 음식이 남만 못하다하여 음식을 물리쳐야 하리니 이로써 보건대 정말 큰 착각이 아니겠는가. 나 또한 지극한 우부라 재주와 지혜가 타인에 훨씬 미치지 못함을 늘 생각하지만 음식을 물리칠 수 없는 줄 잘 알기에 배움을 감히 소홀히 할 수 없느니라.

지금 나의 나이 사십사 세라. 비록 병든 몸에 지쳤으되 손에서 일찍 책을 놓은 적이 없나니 이는 결국 금수토목과 같이 됨을 두려워하기 때문이라. 뜻하는 바는 성인의 영역에 도달코자 함이 아니요, 또한 입신양명立身揚名을 구함도 아니도다.

비록 간혹 정원을 거닐거나 들판을 소요하면서 잠시 성정性情을 닦는 중이라도 감히 배움에 대한 생각을 그만 둔 적이 없느니라. 그리하여 산을 오르면 그의 고귀한 기상을 배우고 물에 임하면 맑음을 배우고 반석磐石에 앉으면 그 견고함을 배우니라. 소나무를 바라보면 그의 곧은 정조貞操를 배우며 달을 보면 밝음을 배우나니 주위의 많은 물건들이 각자 제 나름의 장점을 가졌음이라. 내 모두 그것들을 스승삼아 배우도다. 만물은 말이 없어도 바로 그에서 배울 수 있는데 하물며 사람으로서 능히 말을 함에 있어서랴. 아무리 극악무도하다 할지라도 반드시 그에게도 한 가지의 착한 점은 있게 마련이니 그것을 스승삼아 배우면 누군들 성인이 되지 못하랴.

중용자서 말하기를 세간엔 구해도 얻지 못할 것이 있고 구하면 반드시 얻을 수 있는 것이 있나니 구해도 잘 얻지 못하는 것은 이득利得이요, 구하면 반드시 얻을 수 있는 것은 도이니라. 비록 소인이 이득을 애써 구해도 뜻대로 이루지 못해도 그것을 구함에 더욱더 날뛰는데 군자가 도를 구하면 반드시 얻되 앞날을 생각해 두려움을 품어 스스로 힘이 부족하다고 여겨 중도 포기하는 것은 잇끝을 구하는 소인만도 못함이라.

중니(공자)께서 이르시길 인仁이 멀리 있는 것이 아니라 내가 인仁하고자 하면 그 인이 나에게 이른다고 하시니 도는 구하면 반드시 얻을 수 있음을 말씀하심이도다.

2. 고소경덕사 운법사 무학 십문병서

(애써 학문하는 열 가지 방법 및 그 서문)

옥도 갈지 않으면 보배구슬이 안되고 사람도 배우지 않으면 도를 알지 못하느니라. 내가 십오륙 세에 학문에 뜻을 두었지만 어영부영 세월만 허송한 채 어느 덧 늙음에 이르도다. 많은 세월이 지나고서야 참다운 학문의 가치를 알게 되었도다. 일찍이 정신을 차리지 못하고 얼마 남지 않은 생애에 기한이 촉박함에 이르러 학문을 제때에 성취하지 못한 것이 한탄됨이라. 그래서 열 가지 공부 방법을 제시하여 후학을 도와 학문에 힘써 소기의 성과를 이루도록 미력이나마 돕고자 하도다.

①. 학문을 닦지 않으면 뜻을 이루지 못하니라.

열반경에 무릇 마음을 가진 것은 모두가 마땅히 무상정등정각심을 가지고 있다고 하나니 왜냐하면 일체중생이 다들 불성을 가졌다고 여기기 때문이리라. 이 성품은 텅 비고 막힘이 없어 신령하고 밝아 늘 고요하니 혹간 이를 일러 유라 하고 또 한편 모양도 이름도 없어 이를 일러 무라고도 하느니라. 본래 슬기롭고도 신령스러운데 많은 중생들이 시작도 없는 아득한 세월서부터 자기도 모르는 사이 스스로 현혹眩惑되어 번뇌로 뒤덮여 본래의 밝은 성품을 잃어버린 나머지 경계에 부딪치면 종종의 반연심攀緣心을 일으켜 잘못 육취六趣로 뛰어들게 되도다. 이런 까닭으로 부처님이 미혹되어 사리에 눈 먼 이들을 딱하게 여겨 계戒, 정定, 혜慧 삼학의 법을 설하셨으니 그 법이 넓고도 넓어 진심에서 망심이 일어남을 보이시며 많은 미몽迷夢한 중생을 바로 인도하셨도다. 만약 부처님의 말씀을 마음속깊이 믿고 따르면서 스승삼아 배우면 바로 고해를 가로지르는 쾌속 반야용선을 타는 격이라. 곧장 열반으로 향하는 성인(십지이상의 수좌)의 열반에 끼어들게 되리라. 누구나 외출 시엔 출입문을 통과하듯 해탈함엔 이런 도를 경유하기 마련이도다.

②. 나를 꺾지 않으면 배울 수 없느니라.

설문(字解書)에 이르길 아我자의 자원字源은 자기 몸을 스스로 일

컫는다. 란 뜻이며 화엄경에선 범부중생은 무지無智하여 자기에 집착한다하며《법화경》에선 아만심에서 스스로를 뽐내며 마음이 도리에 어긋나고 간교스러워 도무지 실답지 못하다 하니라. 아견我見의 집착으로 인하여 교만해져 무지를 부끄러워 여기지 않고 함부로 잘난 체하지 않으면서 선을 보고도 따라 행하지 않고 가르침도 받지 않으며 현인과도 가까이 하지 않으니 결국엔 도와는 더욱 멀어지도다.

법을 구하고자 하려면 마땅히 하심을 하여 삼가 엄숙히 도를 생각해야 하며 몸을 굽혀 겸손한 말로 예를 다해 존장을 공경해야하고 스승을 존숭하며 법을 중히 여겨 현자를 만나면 그와 같이 되기를 생각해야 하느니라.

구마라습 승이 처음에 소승교를 배울 적엔 반두달다 승에 예를 지극히 했으니 이는 아래 사람이 윗사람을 공경함이니 이를 일러 손위 높은 사람을 존경함이요, 반대로 반두달다 승이 늦게 대승법을 구할 때 구마라습 승에게 갖은 예를 다했으니 이는 윗사람이 아래 사람을 공경함이니 이를 두고 현명한 이를 존중한다 함이라. 따라서 주역에 이르길 겸손은 덕의 근본이라고 하며 서경에 이르길 네가 오직 자만하지 않으면 천하인이 너와 재능을 다투지 않을 것이며 네가 오로지 교만하지 않으면 천하인이 너와 공을 다투지 않으리라 했도다.

인자(공자의 제자)가 말하길 대저 사회적 명성이 더욱 높은 자는 마음을 더욱 조심해야 하며 받는 봉록이 많을수록 보다 널리 베풀어야 하느니라했고 자하(공자 제자)가 말하길 마음속으로 존경심을 가져 잘못함이 없고 겉으로 공손히 예를 다 갖추면 온 천지 사람들이 다 형제가 되리라 했다.

③. 스승을 선택하지 않으면 배워서 법을 이룰 수 없다.

새가 쉬려고 함에 반드시 앉을 자리를 가리고 사람이 학문을 구
함에 응당 훌륭한 스승을 선택하느니라. 스승은 바로 사람들의 모범
이거늘 모범이 모범답지 못한 스승이 고금에 걸쳐 많이 있도다. 모범
다운 스승엔 두 종류가 있나니 첫째, 위로는 지혜가 넓고 행업이 방정
하여 마치 밀실의 등불이 창틈으로 새어 나옴과 같고, 둘째 비록 사리
에 대해 조금은 알고 있으나 행업이 머트런 점이 마치 죄인이 등불을
들고 길을 비추는 것과 같느니라.(필요한 것만 배우면 된다는 뜻) 이상 두
형태의 스승은 모두가 스승이 될 만한 자격이 있다하겠거니와 만일
덕이 적은대로 시의時宜에 맞게 교묘히 처신하여 이름은 났어도 행업
이 그다지 높지 않은 스승을 흠모해 따른다면 결국 터무니없는 결과
를 초래하리라.

동진(국명)의 도안 승이 열두 살에 출가하니 모습이 모침貌侵하
여 사승이 그를 가벼이 여겨 들 일만 시켰느니라. 그렇게 삼년이나 지
난 어느 날 틈을 봐서 스승에게 가르침을 청하자 곧장 변의경을 내주
셨다. 그것을 손에 쥔 채 밭에 나가 작업 중 쉬는 틈을 이용해서 다 열
람했다. 저녁이 되어 처소로 돌아와 스승에게 돌려 드리면서 경문을
다 암송해 바치니 스승이 깜짝 놀라고 그때서야 당장 머리를 깎아주
었다. 얼마 후 드디어 구족계를 받고 제방을 찾아 마음대로 공부하다

우연히 불도징승을 만나 의기가 투합하였다. 불도징승이 그를 보고 괴이하게 여겼다. 뛰어나도다. 동승童僧이여, 정말 세상의 준마로고 능력을 알아볼만한 눈을 만나지 못해 여태까지 소금차를 곤하게 끌었구나. 백락(말 감정가)이 아니면 어떻게 단숨에 천리를 달리는 준마를 알아보랴.

그런 까닭에 출가자는 신중한 자세로 스승으로서 제자를 잘 조성助成할 능력이 있는지 살핀 연후에 스승으로 모셔야 하느니라.

남산 승이 이르길, 참된 출가자는 사원(사대, 곧 몸)에 닥칠 많은 고통을 두려워해야 하며 삼계의 무상을 싫어한 나머지 지극한 애정으로 얽힌 육친을 여의며 짙은 오욕락을 버려야한다고 하느니라. 능히 이와 같이 행하는 자라야 참된 출가라고 말할 수 있나니, 그리하여 삼보를 계속 존숭하고 중생을 제도한다면 그 이익과 공덕이 무량하리라.

이즈음 정법이 점차로 쇠퇴하고 지혜의 바람이 막힌 채 속된 마음으로 불법을 경멸까지 하니라. 불도에서 불법不法이 생기는 것은 스승이 후학을 이끌어 가르칠 의지가 없고 제자가 봉행할 뜻이 부족한 탓이라.

양자 간 서로를 버려 마구 비열하고 천한 경지로 흘러드니 불도를 정작 빛내고자 함인데 어떡하면 좋으랴.

④. 익히고 외우지 않으면 기억할 수 없다.

모든 착한 말을 기억하기 위해선 자주 읽고 외워야 하느니라. 가섭과 아난은 팔만법장을 다 회통하여 자유자재로 활용했느니라. 인도와 중국의 고승들도 일찍이 출가하여 어린 시절부터 장경을 익혀 달달 외웠을 정도고 천축의 불도징승은 불경의 수백 권 게송을 능히 송지誦持했다. 불타발타 승은 중국말로 각현이라 하는데 수인의 도반과 함께 경문 암송을 일과로 함에 다른 사람들이 한 달간에 걸쳐한 것을 각현은 하루 만에 다 외워 바치니 그 사승이 탄복해 마지않기를 그의 하루치의 배움이 삼십여 인치에 필적한다하더라. 하지만 아무리 우둔한 자라도 어찌 하루에 한마디의 선언善言을 못 외우리오. 날이 가서 달이 되고 달이 가서 한 해가 되면 쌓인 공부가 더욱 넓고 깊어지리니 도란 하찮은데서 생김에 어떻게 그것을 이루지 못한다고 근심하리오.

⑤. 글씨를 배우지 않으면 전할 수 없느니라.

서書란 같다(如)는 뜻이니 사실서술事實敍述을 사람의 뜻같이 해야 하느니라. 현재의 잊어버림을 방지하기 위해선 반드시 필사하여 책으로 편집해야 하느니라. 후대에 오래오래 전수하고 싶으면 의당 그때마다 몸소 써서 문집을 만들어야 하나니 그러면 교풍이 땅에 떨어지지 않고 도가 오랠수록 더욱 더 빛나느니라. 그래서 불교의 경율을 패엽(고대 인도 종이 대용 나뭇잎)에다 모아 기록했고 공자의 시서詩書는 대쪽에 정서되어 있나니 만약 글씨 공부를 안하면 소기의 성과를 거두기 어렵느니라. 다시 생각해보건대 지자智者승이 능숙한 구변을 구사함도 그것은 단지 당대에만 이롭게 했을 뿐이라. 장안 승이 지자 승의 법문을 필사하지 않았다면 어찌 지금까지 전해 왔으리오. 계빈국 고승인 반두달다는 아침부터 정오까지 천 개의 게송을 필사했고 정오부터 저녁까지 천 개의 게송을 외웠도다. 그러면서도 단지 경문을 정자로 썼을지언정 절대로 세인을 본받아 예서隷書나 초서草書를 익히지 않았도다.

⑥. 시詩를 배우지 않으면 말할 수 없느니라

말이 착하면 천 리 밖에서도 그를 따르고 말이 착하지 못하면 천 리 밖에서도 어기느니라. 시경의 전편에 걸쳐 선을 찬양하고 악을 비난하면서 쓴 말은 성聲(오음. 양에 속함)과 율律(육율, 陰에 속함)을 따르고 국풍國風(시경 육형식의 하나, 각지의 민요모음)은 아주 진실성실하며 아雅(조정의 노래)와 송頌(종묘제례의 노래)은 온유하도다. 시재詩才가 뛰어나며 기상이 맑고 사용한 어휘가 풍부하고 문장이 정연하며 아름답도다. 이러한 시경을 오래 익히면 얘기와 변론이 자연히 수승해지며 한 번 읊어보기만 해도 말하는 것이 속되지 않으리라.

자신이 스스로 사해四海(온 세상)에서 제일가는 습착치(승명)라고 말하매 이에 하늘에 우뚝 솟은 석도안(승명)이라고 유머스럽게 곧장 응대할 수 있었던 것도 이런 결과인지라.

진류(지명)의 완첨(인명)이 한때 조롱하길 대진(국명)이 크게 흥기

興起하여 천하를 집으로 여길 만큼 유행자재遊行自在할 수 있는데 사
문은 어떻게 가사를 벗어버리고 그 대신 비단옷으로 갈아입어 형모
를 온전히 하여 거동하지 않는가 하니라. 효룡 승이 대답하길 하나의
신념을 품고서 유유자적하면서 오로지 적정한 심정으로 정성을 다
할 뿐이다. 라고 했느니라.

　삭발하여 얼굴 모습을 바꾸고 옷을 갈아입어 형체를 바꾸니 내
가 창피스럽다고 그들이 말하나 나는 그들의 영화를 버렸느니라. 따
라서 부귀에 무심할수록 더욱 부귀해지고 만족에 무심할수록 더욱
만족해지나니 몸에서 난초 같은 향기를 풍기며 말할 때는 그의 품격
이 묻어나느니라. 비록 무지하고 속된 이와는 가까이해선 안 되지만
훌륭한 재능을 가진 이와는 가깝게 사귀어야 하느니라.

　불법은 벌써 왕신王臣에게 위촉되었고 불도를 넓히려면 반드시
문장을 익혀야 하느니라.

　지둔 승은 왕의 초청 조서詔書에 거절의 편지를 보냈고 도안 승
은 왕의 공양을 거절하고 바로 남산으로 도망해 숨었나니 법력이 뛰
어나지 않았다면 어찌 군왕을 감동 시켰으리오.

　뜻만 높고 실행이 뒤따르지 않는 자의 말일랑 분명히 알아차려
야 하나니 그것은 쓸데없는 거짓말일 뿐이니라.

⑦. 독서를 넓게 하지 않으면 말에 전거典據를 댈 수 없느니라.

　고승전에 이르길 박섭博涉하지 않으면 말이 사실에 근거하는 바

가 없나니 예나 지금이나 대사大事의 흥망성쇠를 알고자 하면 지나(支那; 중국)나 천축天竺(인도)의 인륜지사와 왕도 경영사를 반드시 잘 알아야 하느니라.

삼장(경, 율, 논)의 넓은 교의 바다에서 자유자재로 헤엄치며 육경(詩, 書, 易, 春秋, 周禮, 禮記)의 서책들을 잘 완독玩讀해야 하나니 말을 함에는 황당무계하지 말고 그 전거가 있어야 하니라.

도안법사는 마음을 잘 다스려 하는 말이 간단명료하고 바르며, 내외 군서群書를 널리 통독했고 음양산술도 다 통했으며 불경의 묘의를 막힘없이 회통했다고 습착치승이 찬탄했느니라.

진종황제가 한 때 신하인 중용을 불러 술을 한잔 할 때 중용이 자리에서 일어나 관가官家에 삼가 아뢰노니 그 큰 잔을 거둬주소서 하며 굳이 사양하매 상제께서 무엇 때문에 나를 두고 관가라고 부르냐고 물었다. 이 시독(중용의 직임)이 대답하길 신이 일찍이 장제만기론을 펼쳐보니 삼황(복희, 신농, 수인)은 천하를 잘 관리하여 그 덕을 성현에게 전했고 오제(황제, 인, 전욱, 제곡, 요순)는 천하를 가정같이 잘 다스려 그 은택恩澤이 먼 후손에까지 미치게 했다고 하셨으니 지금 황제께서 삼황과 오제의 덕을 겸비해서 관가라 칭했다고 하였다. 황제는 그대와 나는 썩 만나기 어려운 사이라고 하며 기뻐하였다. 이는 평소에 깊고 넓은 학문을 쌓았고 시대를 초월한 진리의 말씀을 많이 기억하매 조금도 지치지 않았기 때문이라.

⑧. 실제 일을 겪지 않으면 실정을 잘 모르니라.

공자 왈, 나는 성인이 아니나 일에 대한 경험이 풍부하다고 했으며 왕실의 종묘宗廟에 들어가서도 일일이 물은 것은 잘못이 없고 법도에 어긋남이 없도록 경계하기 위함이었느니라. 고 하셨다.

나한 승이 비록 성인이라고는 하나 적염(붉은색 소금, 독극물의 일종)을 알아보지 못했고 동방삭(漢武帝時人, 해학, 장수로 유명)이 비록 현인일지라도 겁회(괴겁시 불탄 재)를 보고 알아보지 못했으니 많이 보고 기억해야 함이요, 보지 못하면 알지 못하느니라.

중국의 오대 십국중 남당의 마지막 왕이 어떻게 소(牛) 그림 한 축을 갖게 되었는데 그것이 낮이면 난欄(화폭) 밖으로 나오고 밤이면 난 가운데로 들어가거늘 군주가 괴이하게 여겨 후원에 펼쳐놓고 군신들에게 보이니 아는 사람이 없었다. 승록인 찬영 승이 이르길 남쪽 일본 섬, 어떤 곳에 바닷물이 혹 줄면 바다에 가서 닿는 강의 여울목 속 자갈이 조금 들어남에 왜인이 방제(달방 이슬받이용 대야)용으로 몇 개 주워 그것으로 조개 속의 눈물 같은 물방울 몇 점을 구해 색과 섞어 칠하면 낮에는 안보이고 밤이면 보이게 된다. 하니라. 또한 옥초산(바다 속 전설상의 산)이 혹간 어지럽게 불어 닥치는 바람에 의해 바윗돌들이 떨어져 해변가로 밀려나온 것을 주워 그것을 물방울로 갈아 물감을 섞어 칠하면 낮에는 보이고 밤이면 뵈지 않는다고 하였다. 하지만 그 당시 많은 학자들이 고찰할 수 없는 것으로 여겼느니라. 승록인 찬영 승이 장건의 해외이기서에 그런 사실이 나온다고 했는데 훗날 두호가 삼관(송 태종시, 서고)의 장서목록을 살펴보니 과연 육조(진, 송, 제, 양, 진, 수)의 고서중에 게재되어 있음이라. 이는 널리 듣고 애써 기억하여 기회를 봐서 기록한 결과이니라.

⑨. 마음이 통하는 도반을 만나지 못하면 학업을 쉬이 이룰 수 없느니라.

육체적으로 나를 낳은 분은 부모요, 나를 정신적으로 성숙시킨 자는 붕우인지라. 그래서 군자는 붕우와 더불어 학문과 기예를 배우고 익히며 글로써 붕우와 교제하고 친구를 사귐으로써 서로 간 인덕仁德을 권면하느니라. 또한 인물됨을 평가하고 사물의 동이同異를 토론하면서 상호간 절차탁마切磋琢磨하느니라.

유효표가 이르길 박애와 정의를 베 짜듯 수양해 몸에 지니고 도덕을 탁마하여 상대의 기쁨을 함께 즐거워하고 상대의 실패를 동정하며 자기 장점일랑 마음속에 묻어두고 함께 넓은 세상에 족적을 남기도록 노력해야 하느니라. 비바람이 세차게 몰아쳐도 새벽 닭 울음소리는 멈추지 않듯 눈서리가 내려도 송죽의 빛깔이 변하지 않듯, 사귐은 변함이 없어야 하니라. 이런 것이 바로 현인, 달사의 소박한 사귐이니라.

만고에 걸쳐서 한 번 만날까 말까하는 경우라 동진의 도안 승이 미처 구족계를 받기 전에 어느 한 객사에서 사문인 승광을 만나 앞날을 결의하고 서로 의기양양한 채 이별하면서 우리 모두 앞으로 성장하여 나이가 들더라도 오늘 이같이 함께 유행遊行한 것을 잊지 말자고 서로 간에 다짐했느니라. 그 후 승광 승이 경률을 다 배우고 난 후

난難을 만나 비룡산으로 숨어들었다. 도안 승이 그를 찾아 만났으니 옛 언약을 비로소 지키게 되어 서로 기뻐했느니라. 그리하여 함께 책을 읽으며 토의하니 새롭게 깨달은 바가 많았도다.

도안 승이 말했다. 옛날 분이 궁구한 경권의 의미도 이치로 따져 봐 어긋난 점이 다분하도다. 승광 승이 응대했다. 도리를 잠시 분석해 봐 자득할지언정 어떻게 선사들의 옳고 그름을 따지리오. 도안 승이 말했다. 불법과 교리를 널리 펴려면 의당 우선 불리佛理에 맞게 해야 하나니 법고法鼓를 다퉈 울림에 있어서 어떻게 선후가 있으리오.

그 때 도호 승이 마침 비룡산으로 같은 이유로 숨어들었다. 한 자리에서 동도자同道者들께 그가 말했다. 세속을 떠나와 조용함 속에 머무는 뜻은 늘 마음을 바로잡아 법을 드날리게 하고자 함인데 어찌 홀로 산속에 칩거하면서 법륜을 굴릴 수 있으리오. 마땅히 각자의 능력껏 불은佛恩에 보답합시다. 그 말에 함께한 동도자가 이구동성으로 찬동하고 나서 드디어 각자가 인연 따라 교화에 나섰느니라.

⑩. 마음을 관하지 않으면 깨칠 수가 없다.

유마경에서 말했다. 모든 부처님들도 인행因行시의 해탈은 마땅히 중생심에 의지해 구했다하니라. 왜냐하면 진화엄경(육십권 화엄)에서 말했다. 마음은 화가와 같아 갖가지 오음사(색수상행식)를 짓나니 일체 세간사 중에서 마음이 짓지 않음이 없다. 마음과 부처도 또한 이와 같나니, 부처와 중생도 그와 같으며 마음, 부처, 중생 이 세 가지

가 차별이 없느니라. 마음은 중생과 부처의 어머니요, 또한 의보依報
(업신 기탁지)와 정보正報(업보유정 身)의 근원이 되느니라. 그런 까닭으
로《능엄경》에서 말했다. 세상의 모든 법은 오로지 마음이 만들고 일
체 인과사와 세계의 미진 같은 물체도 다 이 마음으로 인해 구체상을
띄게 되도다. 헌대도 마음이 존재한다고 말하면 마치 공후箜篌(현악기
일종)의 소리와 같아 구하여도 볼 수 없고 없다고 말하고 싶어도 또한
공후성 같아 손가락으로 공후 줄을 튕기면 반향이 있는 거와 같나니
있지도 않고 없지도 않아 묘한 이치가 그 가운데 있느니라. 아울러 반
주 삼매경에서 말했다. 과거 모든 부처님들은 마음에서 해탈을 구했
으니 마음이란 청정하면 본래 무구無垢(때끼지 않은 상태)하며 따라서
오도(지옥, 아귀, 축생, 인간, 천상) 조차 깨끗하여 그에 따른 과보를 받지
않나니 이런 사실을 요달하는 자는 기필코 대도를 이루리라.

이상, 열 가지 공부 방법을 준수하여 구참일수록 실행하고 신참
은 본받기에 지칠 줄 모른다면 우리의 불교가 후세까지 전해질 수
있겠거니와 만약 그렇지 못하면 불도가 이 세상에서 반드시 사라지
리라.

후학들에게 간곡히 바라노니 읽고 또 읽어 스스로를 잘 경계할
지어다.

3. 서학로 권동행 권학문

(행자에게 학문을 권장)

옥도 갈지 않으면 보배구슬이 되지 않듯 사람으로서 배우지 않으면 도를 모르느니라.

출가자가 다행히 홍진紅塵을 벗어나 널찍한 사원에 살면서 절대로 등 따습고 배부른 것으로 자만하지 말지니라.

소장시절에 학문을 부지런히 하지 않고 사리를 궁구하지 않으며 호흡을 바르게(좌선) 하지 않으면 성인과 사대부 앞에서 어떻게 말하며 한 글자도 배우지 않고서 진정서 등 공무상의 서류를 어떻게 쓰고 사대부와 서찰을 주고받음에 어떻게 회신하리오.

출가인의 가슴 속은 고금을 꿰뚫어야 하고 쓰는 글자의 필세筆

勢는 거침없이 약동해야 바야흐로 세상에서 제대로 입신함에 도움이 되며 나아가 성품을 알아 천명을 아는 데까지 이르리라. 만약 스스로 나태하여 선지식에게 법을 청익함에 법을 받아들일 자세가 되어있지 않다면 이는 바로 일생을 헛사는 노릇이니라.

원숭이는 짐승이로되 일정기간 가르치면 재주를 익힐 수 있고, 구관조는 나는 짐승이지만 가르치면 간단한 노래정도는 따라 부를 수 있느니라. 헌데도 인간은 만물의 영장이라고 자처하지만 배우지 않으면 금수만도 못할 수도 있도다.

사람들의 사표師表가 된 자는 마땅히 언행이 엄격해야 하나니 스승이 엄격해야만 도가 존엄스러워 지느니라. 처음에 관대하고 엄격함을 잃어 훗날 제자로부터 원성을 사느니보다는 처음에 좀 더 엄격하여 시간이 지난 후에 감사의 말을 받는 것이 낫느니라.

사람들의 자제가 부모를 떠나 사승을 받들어 모심에 사승이 사승으로서 엄격하지 못하고 제멋대로 게으름을 피운다면 제자들이 시간만 허송하여 배움을 놓치게 되느니라. 그런 결과로 그들이 하는 말이 어눌하고, 우둔하여 주고받는 문장이 어설프고 쓰는 글씨가 조악하니라. 그런 사실을 깨닫게 되면 이미 늦어 하는 일마다 서툴게 되어 스스로 후회하게 되고 그 허물을 사승에게 돌리니 어찌 지성至誠이면 감천感天이 아니리오.

어린 시절 세속을 떠나와 사승을 따라 배움에 사승이 아주 엄격하여 제자들이 공사를 파한 뒤에 사적인 일을 도모하고 함부로 외출을 삼가며 열심히 독서하고 바르게 글씨를 익힌다면 사리에 정통하게 되리라. 아울러 도심을 바르게 하려면 나날이 갈고 닦아야 바로 고유한 천성으로 돌아가 막힘없이 드디어 환하고 시원한 묘기妙機를 맘대로 발휘할 수 있으리라. 이로 말미암아 성품의 바다가 맑디맑고 마음의 진주가 훤히 빛나서 신선도를 배우는 자는 신선지神仙地인 봉래산을 오르게 되고 불도를 배우는 자는 서방정토 안양국(극락)에 가 편히 쉬게 되리니 이와 같은 시절에 이르러 비로소 사승의 엄격한 가르침에 감사하리라.

4. 보령 용선사 시간경

(장경독송법 안내)

간경看經하는 방법을 후학들이 알아야 하나니 삼업(신, 구, 의)을 깨끗하게 하기 위함이라. 만약 삼업이 깨끗하면 많은 복이 모여드나니 삼업이란 신, 구, 의를 말함이라.

첫째, 몸을 단정히 하여 바르게 앉되 부처님을 마주하듯 엄숙하면 신업이 깨끗할 것이요.

둘째, 입으론 잡된 말을 하지 말고 가볍게 낄낄거리며 웃음 짓지 않으면 구업이 깨끗할 것이요.

셋째, 마음이 어지럽지 않고 제반 반연攀緣을 쉰다면 의업이 깨끗할 것이니라.

안으로 마음이 이미 고요하고 밖으로 모든 경계를 쉼으로서 진리의 원천에 계합하면 법리法理를 거의 다 연궁研窮하게 되리라.

물이 맑으니 물속 진주가 더욱 더 빛나고 구름이 맑게 걷히매 달빛이 더욱 밝아지도다. 바다 같은 진리가 가슴 속에 용솟음치고(곧. 학문에 박통함), 산 같은 지혜가 귀와 눈에 응결하니(곧 매우 총명함), 바로 간경을 별 것 아니라 여기지 말지니 실로 조그만 인연이 아니도다.

마음과 경계를 다 잊으면 자타가 다 이로우니 만약 그렇게만 할 수 있다면 진정 부처님의 은혜에 보답하리라.

5. 우가령 승록 면통외학
(외전도 힘써 익힐 것)

대저, 학문을 넓게 하여야 하나니 모르는 바가 있으면 부족한 처지가 되리라.

불도가 널리 퍼지게 된 것은 삼승(성문, 연각, 보살)의 근기에 따라 행화行化했기 때문이라. 그러는 중에 혹 마군의 침입이 있으면 반드시 막아내야 했거늘 상대를 막아내는 기술은 상대의 실상을 먼저 알아야 하느니라. 상대의 실정에 관한 것은 인도에선 베다요, 중국에선 사서삼경 등이라. 그런 고로 부처님 당시 기원정사에서 '사베다원'을 설치했으니 그것을 외도들이 아주 좋아했으며 또한 '일반 서원'도 두어 천하의 서책을 다 모아 두었느니라.

부처님이 제자들에게 외학의 열람을 허락하심은 외도들을 절복
시킴에 자기의 좁은 견해에 매달리지 말기를 바라서이니라. 중국의
고승대덕들이 이교도들을 절복折伏시킬 수 있었던 것은 아마도 박학
다식한 까닭이니 이를테면 동이북적(야만인) 말에 통하지 않고 음식
맛에 순화되지 않고서 누가 그들의 문화에 통달하며 그들의 욕구를
익히 알리오. 그들(야만인)의 말을 이해하지 못하면 곧 그들과 사이가
멀어지리라. 그런 까닭으로 습착치승이 도안승을 유머로 제복制伏했
으며 종병과 뢰차종 선비를 혜원 승이 시경과 예경으로 불도로 끌어
들였고 권무이(당시 문인)를 하늘의 바른 도로 돌아가게 함으로써 의
혹을 분명히 밝혀 그를 불도로 이끌었으며 육홍점 도사를 교연 승이
시를 읊조리는 방식으로 그와 벗 하였느니라.

　　이는 모두 별다른 방법을 쓰지 않고 오로지 외학(외전)에 능통했
을 뿐이니라. 더구나 유교와 도교는 그 의미가 깊고도 오묘하니 불제
자로서 내전(불법)에 정통한 후면 외전을 깊이 연구해도 무방하리라.

　　견문을 넓혀 한쪽으로 치우치는 일이 없도록 할지어다.

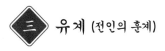

1. 고산 원법사 시학도
(학도를 가르침)

오호라! 정법은 세월이 감에 따라 점차 쇠퇴함에 성인 가신지가 오래된 지금 먹물 옷을 입은 이가 비록 많긴 하나 불도를 참답게 공부하는 이는 적도다.

명예와 이양利養을 앞 다퉈 가짐을 자기의 능력으로 삼고, 닦은 법을 널리 유통시키고자 하는 행위를 아이들 놀이 마냥 하찮게 여기는 나머지 드디어 법을 깨닫는 사람이 차츰 줄어들다가 곧장 쇠퇴하게 되리라.

하지만 실로 후손들에게 이 불도의 부흥을 맡길 수밖에 없도다. 여러 납자들은 마음을 비워 법을 듣고 자기의 미혹한迷惑 마음을 깨꿋이 하여 사승을 의지해서 배워 가까이로는 입신양명立身揚名을 기약하고 멀리로는 범용한 경지에서 벗어나 성위聖位로 나아가길 바라노니 말법시대에서 정법을 구현함에는 그래도 그대 말고는 어느 누구가 있으리오.

몸을 닦고 성인의 말씀을 실천하여 반드시 끝이 시작과 같이 되게 하며 학문을 근실히 하고 용사행장用捨行藏(등용시 행하고 물러서며 숨어 수양에 힘씀)을 신중히 하여야 하느니라.

또한 악우惡友 피하길 호랑이를 피하듯 해야 하며, 선량한 친구 대하길 부모를 대하듯 해야 하고, 사승을 받들어 모심에 그 예를 다해야 하느니라. 법을 위해 이 몸을 잊어야 하고 자기의 장점을 자랑하지 말 것이며 언행에 허물이 생기면 속히 고쳐서 인의仁義를 지켜 반석같이 견실하게 움직임이 없어야 하느니라.

빈곤한 경지에 처해도 즐거운 심정으로 근신하면 자연히 화禍가 곧 멀리 떠나고 복이 찾아 드니라.

어찌 형상에 의지하여 앞날의 일들을 알아보고 입신영달立身榮達을 사특하게 구하며 일시日時를 가려 뽑아 꽉 막힌 운세를 구차히 면하고자 하는가.

이런 것들이 어찌 출가사문으로서 앞날을 내다보는 식견이겠는가. 실로 세속인의 망령된 마음일 뿐이다.

현자賢者를 보면 의당 나도 그와 같이 될 것을 생각할 것이며 어진 일에 당해서는 양보하지 말고 부처님이 설산에서 법을 구한 모습(爲法忘軀相)을 우러러 받들어 본받을 것이며 선재동자가 법을 구하러 스승을 찾아 헤맨 모습을 배울지니라.

명리名利로 마음이 흔들려서는 안 되며 생사로 인해 근심걱정을 해서는 안 되느니라. 공업功業이 성취되고 사업이 성공되었다면 그것은 반드시 가까운데서 시작하여 차츰 먼데까지 닿은 결과이니라. 애써 명예를 구하지 않아도 노력정진하면 명예가 저절로 찾아들고 대중을 부르지 않아도 저절로 모여드니라.

지혜는 충분히 미혹을 비추고, 자비는 사람을 거둬들이니 수양이 빈약하면 자기 몸 하나만 착하게 하고 통달하면 천하를 아울러 함께 착하게 할 수 있도다. 따라서 진리의 바람이 그침에 다시 일게 하고 지혜의 횃불이 꺼질 때 다시 밝히면 대장부라 할 수 있으며 여래의 사도라고 할 수 있느니라.

적籍을 사원강당에 두면서도 몸은 늘 더러운 속세에 어울려 지낸다면 어찌 사람들이 비난하지 않으리오. 언행에 있어서 남으로부터 부러움을 살만한 점이 없이 세월만 흘러 보내 습성으로 굳어지면 결국 자신이 멸망하고 말리라. 처음엔 성현의 가르침을 사모하다가 정진하지 못한 결과 결국 추악한 경지로 빠지게 되나니 이와 같은 현상은 정말로 슬픈 일이니라.

시경에 '시작은 있지만 유종의 미를 거두는 이는 드물다'고 한 것은 이것을 두고 한 말이리라. 중근기 이상은 스스로 조심하고 삼가야 하리라.

장구한 시간에 걸쳐 불교가 다원화된 이유로 율장과 논장이 분화되고 대소승의 교리체계가 달라져도 모두가 불심으로부터 파생되었느니라.

　우리 모두가 법계에 뜻을 두어 부단히 정진하여도 근본 도리를 깨닫지 못하는 이들이 많으니라. 이에서 각자의 소질과 능력에 따라 경론을 익히면 계율을 버리게 되고, 계율을 익히면 경론을 버리게 되느니라. 대승법을 익히는 자는 소승법을 물리치고 소승법을 즐겨듣는 이는 대승법을 업신여기게 되느니라. 다만 사승師僧의 지위에서 어느 한 쪽으로 치우쳐 신봉하는 바람에 결국 한 쪽으로 집착하게 되어 서로 간 옳고 그름을 따지게 되나니 이래가지고서 어찌 원융한 불리佛理를 이해할 수 있으리오.

　만약 불리에 통달하여 시비를 초월해 원융한 경지에 이르면 당연히 서로 간 도움이 되어 불법을 온전히 받아들일만한 근기와 인연이 함께 성숙하리라. 그것은 마치 많은 물이 흘러 바다로 향하지 않음이 없고, 백관이 정무에 임하여 한 임금에게 충성을 다할 것을 다짐하는 것과 같으니라. 한 줄기의 물을 보호코자 많은 물의 흐름을 막거나 한 관직을 지키고자 여타 다른 관직을 폐하지 못함과 같도다.

　부처님이 중생을 교화하심에 그들의 다양한 근기를 참작하여 각각에 맞는 부서를 두었으니 소승의 율은 영복營福 부서가 배나 수레로써 조운漕運(조공운반)을 맡는 것과 같고, 대승율은 제찬製撰이 왕의 각종 말씀의 출납을 관장함과 같느니라. 조정에서 많은 벼슬아치들이 직분에 따라 국사를 행하는 것은 불교 내의 여러 종파가 자기 교리를 앞다투어 널리 펴는 것과 같도다. 이러한 지취旨趣를 잘 알기만한다면 어찌 여타 학문을 이단(비정통 사상)이라고 고집하리오.

자기의 재능을 잘 헤아려 능력에 따라 불도를 널리 유포할지니 재질이 우수하면 겸해서 배워도 좋고 식견이 천박한 자는 한 가지만 전공함이 옳으리라. 만약 그렇게만 되면 비록 각자가 도와 교를 전파하나 결국 자비로운 구제를 받아 화합의 바다에 닿아 다 함께 해탈의 자리에 앉게 되리라. 이렇게만 되면 어두운 길을 헤쳐 나갈 참된 지남철(나침판)이 되고 불교를 이끌 믿음직한 안내자가 될 것이니, 스승의 자리에 머물러도 조금도 부끄럽지 않을 것이요, 구경엔 궁극의 불과에 도착할 것이 믿어 의심치 않음이라.

너희들 사문들은 사소한 지견을 자랑하지 말고 크나큰 아만심을 내지 말며 선각대덕을 업신여기지 말고 후학들을 허장성세虛張聲勢로 현혹시키지 말지니라. 비록 청법과 독경만으로 자기의 허물을 다 고칠 수 없으나 이미 한 말 속에 중립적인 순정純正한 덕이 있나니 너희들 사문들은 심사숙고할지어다.

2. 주경사 도안법사 유계구장

(사후 남긴 경계문 9장)

제자를 훈계하는 글에서 아래와 같이 말씀하셨다.

여러 제자들에게 삼가 감사하노라. 출가수도는 아주 중하고 어려운 일이라. 스스로 가벼이 여기지 말지니라. 이를테면 소중하다고 한 것은 도덕을 몸에 지니고 인의를 몸에 띠며 정계淨戒를 받들어 지켜야 하나니 이는 죽어서야 끝나는 것이요, 어렵다고 한 것은 세속을 멀리 떠나와 부모와 처자식과의 정분을 영원히 끊고 마음을 바꿔먹어 여느 중생과는 달라야 하느니라. 사람들이 쉬이 행할 수 없는 일을 능히 하고 사람들이 쉽게 끊어버릴 수 없는 것을 능히 끊으며 고통과 욕됨을 참음으로서 자기생명에 대한 애착심을 버려야 하나니 이를 두고 어렵다고 하도다.

호 왈, 도인이라 하니 도인이란 길을 안내한다는 뜻이라. 행함에는 반드시 위의威儀가 있어야 하며 말함에는 반드시 본받을만한 것이 있어야 하나니 먹물 옷을 입은 출가사문이 된 자는 언동에 언제나 법도가 있어야 하도다.

탐욕하지 말며 다투지 말고, 남을 흉계로 모함하지 말며, 찾아다니며 못된 짓을 하지 말고, 힘써 학문을 하여 높고 깊은 경지에 이르면 마음이 현묘한 침묵에 머무나니 이를 일러 참다운 명예라 하느니라.

삼존(불, 문수, 보현)과 자리를 나란히 하고 현인(십지전위의 인)의 단계에서 나와 성인(십지상)의 단계에 접어들어야 마음의 번뇌를 죄다 씻어내게 되도다.

군주가 있어 너에게 보답을 바라지 않고 부모가 있어 너의 힘을 기대하지도 않지만 온 천하 사람들이 너를 충심으로 따르지 않는 자가 없도다.

신심이 돈독한 자가 처첩을 버릴 정도로 생활비를 줄여가면서까지 수자에게 의식을 공양하고 자기를 낮춰 애써 겸손해 하면서 힘들고 원망스러운 일들을 마다하지 않는 것은 도인의 마음이 청결하기 때문이로다. 또한 천지신명에 통달하며 담담하고 욕심이 없어 잡념이 다한 상태에서 진리에 자연히 도달할 수 있어 정말 기이하고도 고귀하기 때문이라.

그럼에도 출가 사문이 스스로 도리에 어긋난 난폭한 무리와 어울림으로서 도법이 드디어 쇠퇴하게 되도다. 신학인新學人은 진리를 몸소 체험하지 못한 소이로 사법邪法에 집착하고 정법을 버려 쥐꼬리만 한 재주를 지혜로 삼고, 하찮은 대접을 족하게 여긴 채 종일토록 먹기만 하며 마음을 써서 공부는 하지 않는지라. 물러나서 가만히 미뤄 생각해 보건대 진실로 슬픈 일이 아닐 수 없느니라.

이제 지난 출가의 본지를 생각해보니 법랍은 꽤나 되었으나 삼장에 대한 안목이 제대로 서지 못하고 학문이 미흡해 한 세상을 허송한 채 이름 한번 드날리지도 못하니라. 이와 같은 안타까운 사실을 심히 깊이 생각할지어다.

무상한 세월은 아침인가 했더니 어느새 저녁이라. 삼도(지옥, 아귀, 축생)의 고통은 늘 한결같도다. 사승과 제자의 의리가 깊은지라 내 이에 그 뜻을 펴보이노니 무릇 유정의 무리衆生들은 정작 영원히 경계할지다.

첫째 왈

그대가 이미 출가하여 영원히 부모와 고향산천을 멀리 떠나와 삭발하고 속복을 벗어버린 후 법복으로 갈아입었도다. 부모, 친척들을 하직하던 날에 상하 친족들이 눈물을 흘렸나니 애정을 단호히 끊어버리고 도를 받드니 그 의지가 하늘을 찌르도다. 이러한 의지를 마땅히 실천에 옮겨 경을 통해서 도를 닦아 마음을 밝혀야하거늘 어찌 무심한 채 짐짓 성색聲色에 사로잡혀 있으리오. 하루 종일 하는 일없이 빈둥거리다간 경에 대한 안목을 세울 수 없느니라. 결과로 덕행은 나날이 줄어들고 더러운 업만 자꾸 쌓일지니라. 스승과 도반들이 그러한 자를 가까이 하기를 부끄럽게 여길 것이며 세상 사람들이 업신여기리라. 이와 같은 출가는 다만 스스로의 이름을 욕되게 할 뿐이니라. 내 이제 출가사문들에게 타일러 경계하노니 의당 수도에 전심전력하길 바라노라.

둘째 왈

그대가 이미 출가함에 세상을 버리고 군주와도 하직했으니 응당 스스로 애써 뜻한 바를 이룰 것이며 재색財色을 돌보지 말고 다시는 세속과 교류하지 말며, 금옥金玉을 귀히 여기지 말고 오직 도만을 귀히 여겨야 하느니라. 자기를 늘 검속檢束하여 절도를 지켜 고통을 감내하고 가난을 즐길 것이며 부단한 정진으로 자기를 제도하고 나아가 남을 구제할지어다. 어떻게 뜻을 바꿔 홍진을 뒤쫓게 되는가? 앉아 잠시도 자리가 따뜻할 틈도 없이 사방으로 싸다니는 꼴이 흡사 부역으로 고을 원에게 매달려 있는 것과 같기 때문이니라.

간경으로 도에 통하지 못하고 계행을 통해 덕이 온전치 못하니 붕우들이 업신여겨 놀리며 동학들이 가까이하려 하지 않도다. 이와 같은 출가는 쓸데없이 세월만 허송한 셈일세. 내 이제 짐짓 간촉懇囑하노니 의당 각자 스스로를 가볍게 여기지 말지니라.

셋째 왈

그대가 이미 출가했으니 일가친족을 영원히 하직했는지라. 친하고 안친하고가 없이 마음을 깨끗이 하여 미혹하고 미진한 욕심을 버려야 하나니, 기쁜 일이 생겨도 기뻐하지 말고 흉한 일이 생겨도 결코 슬퍼하지 말며, 초연한 심정으로 담담한 자세를 견지해야 하느니라.

걸림 없이 세속을 떠나와 현묘한 도에 뜻을 두고 진리를 향하여 본분을 잘 지켜 깨달음을 얻은 뒤 널리 중생을 제도하면 많은 복덕을 받게 될 텐데 그대로 오욕칠정에 머문 채 공연히 좋고 나쁨을 다투며 하찮은 잇끝으로 경쟁하니 어찌 어리석은 중생들과 다르리오.

도를 밝히지 못하고 덕행이 충분하지 못하면 이와 같은 출가는 쓸데없이 자기 스스로를 욕되게 함일세. 내 이제 짐짓 너희들 출가자에게 일러주노니, 의당 스스로의 더러움을 말끔히 씻어낼지어다.

넷째 왈

그대가 이미 출가했으니 이름 하여 도인이라고 하니라. 부모를 가까이서 봉양하지 않고, 신민臣民의 의무도 없으며 온 천하 사람들이 공양하고 받듦이 신과 같으며 이마가 땅에 닿을 정도로 예를 받되 빈부에 괘념치 않고 스스로 깨끗한 수행만을 지속함으로서 자기도 이롭고 남도 이롭게 하느니라. 수행을 잘못한 과보로 자기의 공덕을 감한 나머지 상환할 무게가 쌀 한 톨에 일곱 근이 된다하니 어떻게 게을리 하여 사은四恩에 보답하지 않고 방탕하게 돌아다니면서 몸과 마음을 헛되게 괴롭히겠는가. 계행이 없이 시주 물을 받아먹으면 죽어서 지옥에 들어가 끓인 쇳물을 들이키게 되고 또한 펄펄 끓인 구리물을 목구멍에 들이 붓나니 이런 류의 고통상은 법구경에 소상히 써 있느니라.

내 이제 짐짓 수행자들에게 스스로 검속 정진할 것을 타이르노니 부단한 정진으로 하루하루 새록새록 새로워지길 바라나라.

다섯째 왈

그대가 이미 출가하였으니 가로되 출가사문이라. 더럽고도 잡스런 것에 집착하지 말고 오로지 도만을 흠모하며 깨끗한데 마음을 둠이 옥과 얼음같이 할지니라. 마땅히 계행을 닦아 행하며 마음을 제도하여 중생들이 복을 받게 하고, 일가친족들을 제도해야 되나니 어떻게 무심한 채 세속을 따라 어영부영 살아가며 사대(지수화풍: 곧 육체)와 오근(안이비설신)에 멋대로 내맡기겠는가?

도덕은 날로 옅어지고 세상사는 더욱 복잡다단해 지느니라. 위와 같은 행태의 출가는 결국 세속과 동화되고 말테니 내 이제 짐짓 사문들을 경계해서 검속케 하나니 스스로 마음을 잘 다잡길 바라도다.

여섯째 왈

그대들이 이미 출가하여 세속의 형복形服을 버렸으니 응당 애써 속정俗情을 다 없애고 열반상에 부합되도록 노력 정진해야 하거늘 어떻게 소란을 피우면서 조용히 한 자리에 거처하기를 좋아하지 않는가? 도를 구함에 시간이 없어하면서도 세상사에 대해선 시간이 넉넉한지라.

깨끗한 곳으로 굳이 걸어가지 않고 도리어 진흙탕 속으로 걸어가니 휙 스치는 그림자 같은 생명은 삽시간이며 지옥의 고통은 필설로 다 말하기 어려우니라.

내 이제 짐짓 사문들을 타일러 애써 정진토록 하노니 의당 불도를 숭상 매진할지어다.

일곱째 왈

그대가 이미 출가한 신분에서 스스로를 위로하며 자만하지 말지어다.

모습은 비록 초라하지만 언행엔 품위가 있으며 의복은 비록 남루하지만 거동이 단정하고 음식이 비록 거치나 하는 말은 칭찬 할 만하니라.

여름이면 더위를 참고 겨울이면 추위를 참으며 스스로 지조를 잘 지켜 바람직하지 못한 물건들일랑 받아쓰지 말고 답지 못한 공양엔 함부로 너무 앞서 수용하려고 하지 말지니라. 혼자 방에 오래 있어도 귀한 손님을 마주 대하듯 하면 배움이 비록 많지 않으나 도품이 뛰어난 현인과 필적할 수 있으리라.

이와 같은 출가행지를 가져야 자기를 낳아 길러준 양친에게 보은할 수 있고 일가친척과 많은 지인들의 은혜에 보답할 수 있느니라.

내 이제 짐짓 너희들 사문들에게 간곡히 타이르노라. 의당, 각자가 부단하게 노력정진 할지어다.

여덟째 왈

그대들이 이미 출가는 하였으나 각자의 천성엔 우둔함과 명민함이 있지만 학문엔 그에 관계없이 요는 정미롭게 닦는데 있느니라. 상근기는 좌선하고 중근기는 장경을 독해하며 하근기는 사원의 살림을 맡아 경영할진대 어찌 종일토록 성취해 나가는 일이 없겠는가? 입신양명하여 세상에 널리 이름을 드날리지 못한다면 일생을 허송했다고 말할 수 있도다.

내 이제 짐짓 너희 사문들에게 이르노라. 의당 스스로 왜곡된 마음을 바르게 하여 촌음을 아껴가며 정진에 매진토록 할 지어다.

아홉째 왈

그대들은 이미 출가하여 자엄慈嚴하신 어버이와 영원히 헤어졌느니라. 도법으로 성품을 새롭게 하여 세속에서 입었던 옷을 벗고 실제로 친족을 하직하던 날에 순간 슬프다가도 한편 기뻐하기도 했으리. 세속을 멀리 여의고 홍진紅塵을 뛰쳐나왔다면 마땅히 도를 닦아 구할 것이며 자기를 억제하고 진리를 따라 실천해야 할진대 어떻게 그대는 조금의 결단심도 없이 다시 속물에 물이 드는가?

도를 구하는 열정이 희박하고 행위에 터럭만큼의 위의조차 없으며 하는 말에 가히 들을만한 것이 없고 몸엔 덕이라곤 찾아볼 수 없으며 스승과 도반들에게 누를 끼치고 주위에 대해 원망만 날로 더 늘어놓느니라.

이와 같은 출가행태는 결국 법을 훼손시키고 나아가 자기 몸조차 욕되게 하나니 생각하고 생각하여 스스로 몸을 잘 보살피고 빈틈 없이 수양할지어다.

3. 양고승 칭법주 유계소사
(후학을 위한 경계문)

　속세는 견고하지 못하고 물거품 같은 일신一身은 오래가지 못하도다.

　나는 세월이 감에 따라 늙어가고 너도 나이가 점차 많아지니 세간의 이양利養 앞에서 그 몸을 굽신거리지 말고, 헛된 명성名聲으로서 자기의 편리를 구차히 도모하지 말지니라.

　인의를 업신여기지 말고 선량하고 재주있는 자를 질투하지 말며 아무런 죄도 없는 사람을 핍박하지 말고 유덕한 이를 깊이 감추어 숨기지 말지니라.

　인과지사因果之事에 게으르지 말며 조석예불을 부지런히 하고 지나치게 수면을 취하지 말며, 애써 남의 일을 알려고 하지 말고 빈 배에 마음만 높이지 말지니라.

　사리私利를 꾀해 자기만을 이롭게 하지 말며 강한 자에게 빌붙고 약한 자를 업신여기지 말며, 자기를 이롭게 하면서 남에게 손해를 끼치지 말지어다. 연장자라고해서 젊은 후생들 앞에서 오만을 피우지 말며 젊은이는 노숙老宿 앞에서 무례를 행하지 말지어다.

　재력과 명성으로 사람들을 내려 보지 말고 기세가 등등한 나머지 남 앞에서 거만을 피우지 말지어다. 불선不善의 마음으로 애써 남과 친하려고 하지 말고 선하다 해서 노골적으로 악을 미워하지 말지어다.

　제한된 재능으로 나만이 옳다고 우기지 말며 불완전한 지식으로써 남이 전적으로 틀렸다고 우기지 말지니라. 객의 신분에서 주인을 업신여기거나 주인으로서 손님을 홀대해서는 안 되도다.

　일에 임해서는 법도를 잃어서는 안 되며 대중성을 어김으로써 파화합破和合해서는 안되고 늘 비방할 마음을 가지고 남을 의심해선 안 되느니라. 꼬치꼬치 캐물어 남의 허물을 찾아내려고 애쓰지 말고 다만 불법을 향해 마음을 쓰거나 마음속의 티끌 먼지를 쓸어내어 깨끗이 해야 하느니라.

　가사를 습襲하고서도 수도 부족으로 인하여 내세에 다시 사람의 몸을 받지 못하게 되면 실로 괴로운 노릇이니 지옥에서 갖은 고통을 다 받아야 그 과보가 다하여지니라.

　하는 일 없이 단정히 앉아 일을 하지 않고 때론 도량을 서서히 배회하든가, 덩그런 마루에 앉은 채 발로 진흙을 밟지 않고 손으로 물을 묻히지도 않는 주제에 어찌 옷과 식량을 쉽게 받아쓸 수 있으랴. 삭발하고 가사를 몸에 두른 것은 무슨 일을 하고자 함인가.

때에 따라 강함과 부드러움을 적절히 사용해야하며 일에 나아가고 물러섬에 담담해야 하고 행할 땐 성심껏 행해야 하며, 그만두어야 할 땐 미련없이 그만두어야 하느니라. 눈앞의 사물에 대해 과도하게 욕심을 부리지 말고 그 때마다 시의적절한 중용성을 자주 살펴봐야 하느니라.

이상의 것들에 조금이라도 그대의 수행으로 계합된다면 만금의 시주물이라도 받아 쓸 만하다 하겠도다.

내 이제 간곡한 부탁을 입이 닳도록 하노니 내 말에 의행依行하는 자는 내생에 다시 서로 만날 수 있겠지만 그렇지 못한 자는 어느 곳에 태어나겠는가.

부디 주의하고 주의할지어다.

4. 종산 철우 인선사 시동행 법회
(행자에게 법을 설함)

당나라 측천왕 연재(연호), 원년 오월십오일에 처음으로 천하의 승니를 총괄하여 사부祠部에 예속시키고 현종천보(년호), 육년에 득도得度한 승니를 다스리고자 사부(제사관장 관청)로 하여금 도첩을 발급하였으며 숙종 지덕(연호) 원년에 사부에서 도첩을 맘대로 내려주어 그 때부터 공신들이 금전으로 매매하기 시작했다.

이로써 알아보건대 연재이전에는 천축국 법에 의하여 승니가 됨에 출가 당자의 수도성修道性 적합여부를 봐서 스승자신이 독단적으로 결정해 받아들였도다. 이를테면 당나라 때 궁사(관직명)였던 회통이 작소도림鵲巢道林선사를 찾아뵙고 간청했다. 제자는 벼슬을 버리고 출가하고자 하오니 화상께옵서 거두어 주옵소서.

도림선사 대답했다. 이즈음 승이 되어 짓는 언행이 자못 경박하고 외람猥濫하니라. 회통이 대답했다. 본심은 원래 청정하여 갈고닦음에 있지 않고 본심의 신령한 밝음은 외부에서 비춰지는 것이 아니외다. 도림선사가 말했다. 네가 만약 깨끗한 지혜와 묘하고 원만한 체성이 본래 텅 비고 고요한 줄 안다면 그것이 바로 참된 출가이거늘, 뭐라서 형식을 빌리려고 하는고? 회통이 대답했다.

원컨대 가엾이 여겨 거두어 주소서. 맹세코 사승의 가르침을 따르겠나이다. 도림선사가 곧장 그를 삭발해주었다.

후학들의 행동거지가 너무 법도에 어긋나기에 그것의 단속이 제기됨은 너무나 자연스러운 이치니라. 그런 까닭으로 인해 부처님이 불법을 국왕대신에게 부촉하신 뜻이 아마도 이런 이유이리라.

지금 나라님의 성택이 넓고 깊어 특별히 불교의 가치를 더 높이게 되는 것은 바로 불교를 중히 여기고 승려들을 존중하며 불법을 숭상하기 때문이니라.

명교 숭선사가 말했다. 대저, 승이란 것은 자기 몸을 지킴에 반드시 계율을 지녀야하고 마음을 거둬들임엔 정定에 들어가야 하며 밝게 분별함에는 지혜를 갖추어서 남들이 존경하고 본받을 만한 위의를 지녀야 하느니라.

승상僧相은 하늘과 사람이 바라봐도 엄숙해야 하거늘 근세엔 다분히 경박한 것은 당연히 승려 자신의 자작지얼自作之蘖이니라. 하지만 지금 몸에 가사를 습襲한 것은 수세數世에 걸친 원력과 일찍이 선법에 훈습된 선업의 결과가 아니면 할 수 없는 노릇이니라.

본 왕조하의 왕씨인 문정공 단旦이 죽음에 임하여 당초 길을 잘 못 들어 승려가 못된 것을 후회한 나머지 바로 여러 자손들에게 부촉하여 삭발염의削髮染衣하여 입관入棺케 하여 내생에는 꼭 출가사문이 되길 바라면서 거듭 지기인 시랑(관품)인 양대년에게 당부하여 자기의 유언을 집행케 했나이다. 뒷날 양대년이 재상과 신하의 장례엔 국가에 옛부터 행해온 전례가 있다하여 그의 유언대로 거행하지는 못했지만 그대신 가사와 삭도削刀를 관속에 함께 넣어 묻었느니라.

양대년이 그의 유언대로 집행하지 못할 걸 후회한 나머지 그 스스로 마침내 선종에 나아가 수행 정진하여 자기 마음을 깨치고 나서 주상의 뜻을 받들어 경덕전등록을 교열校閱하여 인도와 중국전역에 유포했느니라.

아! 사문이 되는 어려움이 이와 같도다.

대장부로서 서릿발 같은 의지로 들뜨고 외람된 언행을 절제하고 바로 그 자리에서 단칼에 두 동강 내듯 결연한 심정으로 정진하여 드디어 할연대오割然大悟함으로서 불조사의 경지를 뛰어넘어 몸과 마음의 오묘한 원리를 다 알아냄이 또한 어려운 일이 아니며 호신용의 부적符籍을 몸에 지니지 않았다고 해서 근심할 일이 아니니라. 높은 산에서 흘러내리는 물의 깊고 깊은 뜻을 자연히 지음知音이 있어 웃고 고개를 끄덕이도다.

동자승인 법회法晦가 보공사 도량에서 지낸지도 몇 년이나 지남에 그 사람됨이 성실, 소박, 다정하면서도 결단력이 있고 경박, 외람됨이 없음일세. 내(철우 승) 이제 그대를 추천하여 사문이 되게 하고자 하니 그대는 사승의 뜻에 잘 따르고 부처님을 존경하여 잘 믿어 인천의 도사導師가 되게 하라. 아주 어진 이는 자기 돈을 써가면서도 독실한 이의 뜻을 도와 이루게 하느니라.

이러한 요지의 말로서 그대들을 독려하는 채찍으로 삼아 하나하나 내보인 것은 세간의 현사와 사대부들이 불교를 중히 여기고 사문을 존중하는 마음을 일으키게 함이며, 선배들이 비록 부귀를 향한 불같은 욕망에 사로잡혀 몹시 좋아할지라도 마지막엔 후회하게 될 것을 알게 함에 있도다.

때는 기미 중추, 종산에서 철우 쓰다.

5. 월굴 청선사 훈 동행

(행자를 지도함)

아! 너희 동행(행자)들아, 나의 경계를 들어볼지어다.

높은 것은 낮은 데서 비롯하고 큰 것은 작은 것에서 시작되느니라. 고금의 현성賢聖들이 이런 원리를 따르지 않음이 없나니 유가儒家에 이런 예가 매우 많고 불가에서도 많지만 여기선 번거롭게 많이 인용하지 않고 대략 두 세 개 정도만 들까 하노라.

우, 하(중국 고대 국명)시 황제는 일찍이 국가의 당면사를 위해 하루도 빠짐없이 현장을 순행독려 하였으며 혜가승, 혜능승조차도 위법망구爲法忘軀했느니라.

한 찰나의 인행이 참다우면 천생에 걸쳐서도 그에 따른 응보가 있도다. 만약 함부로 공부하면 결국 소기의 목적을 달성치 못할 것이요, 설령 삭발염의 했다 해도 다만 나쁜 업만 증장되리라.

너희들 동행들은 이제 각자 전심전력으로 정성을 다해 실답고 참다운 것을 실천하여 다시는 유탕하고 속된 것을 따르지 말고 청정한 곳에 머물면서 만나기 어려운 불법을 만났단 생각으로 예불을 보거나 스님을 만날 때 사모하고 공경하는 마음으로 정성을 다해야 하느니라.

만약 능히 자기 자신을 되돌아보아 꾸짖을 수만 있다면 정작 대장부라 할 수 있도다.

시주를 만나면 의당 먼저 인사를 하고 동도자를 마주치면 보는 대로 먼저 합장 배례해야 하며 조석 예불 시엔 늘 게을러 불참하는 일이 없도록 하고 아침 죽과 점심 밥 공양 땐 생각 생각에 부끄러운 감을 가져야하도다.

소임 맡은 전당殿堂과 공양물을 돌리는 요사체를 의당 부지런히 닦아 청결케 할 것이며, 노숙老宿 스승을 시봉하는데 게으름을 피우지 말고 일상의 위의는 구참에게서 본받으며 말이 필요치 않는 주요한 도를 하참下參에게 묻지 말지어다.

불경에 반드시 정통해야 하고 또한 삼분오전三墳伍典(유가의 古典들)을 여력이 있으면 틈나는 대로 널리 읽어야 하느니라. 지금과 옛날의 문물을 조금치라도 알아야 비로소 뜻있는 사람과 얘기할 수 있나니 만약 벙어리와 같다면 출가했다고 해서 무슨 도움이 있으리오.

여래께서 출가 전에 문무를 겸비하셨고, 영가승이 대도사가 되자 선과 교를 겸통했으며 도덕군자가 되기 위한 자는 늘 안희를 사모하게 되고 천리마가 되고자 하는 말은 항상 천리마를 생각한다고 사대부인 자운이가 말했느니라. 부처님이 지둔한 주리 반특가에게 빗자루로 땅을 쓸다를 가르치기 위해 소추掃箒 두 글자를 외우게 한 것은 잘못이 아니니 각자가 노력에 노력을 거듭할 뿐 함부로 그럭저럭 시간만 허송하지 말지니라.

의지가 철석같으면 용렬한 경지로 떨어지지 않으리라. 그래서 경에서 이르길 입지가 태산 같으면 덕을 널리 펴는 것이 마치 깊고 넓은 바다와 같다고 했느니라.

이와 같이 내 입이 쓰도록 타이르는 것은 너희 동행(행자)들이 한 사문의 몫을 다해 불조의 막대한 은혜에 보답하고 나아가서 중생의 한없는 고통을 구제하게하기 위해서이도다.

나날이 부단정진不斷精進에 가행 정진하여 스스로를 뒤돌아보아 한 점 부끄러움이 없기를 지원至願하고 지원하노라.

송 왈,

등에 돌진 채 방아 찧고
제 초율력에서 무명초(머리털) 잘라
훌륭한 본보기 뵈었으니
법을 이음엔
슬기론 재능이 필요한지라

한 순간 환히 깨쳐
삼계(시간 관념)를 초월하면
단번에 전한 법력
달마보담 어이 못하랴.

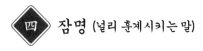

四 잠명 (널리 훈계시키는 말)

1. 대당 자은 법사 출가 잠

(출가 본보기 문)

속가를 버려두고 입산한 것은 무엇 때문인가?

공왕(부처님)에게 머리 숙여 의지해서 공부해 삼계(욕계, 색계, 무색계)를 벗어나고자 함이라.

수계 시 삼계사三戒師와 칠증사七證師들이 수계 예정자들의 근기를 알아봐서 머리를 깎아 먹물 옷을 입힌 후 크나큰 서원을 시키느니라.

출가 전의 삼독심(탐진치)을 버리고 속되고 천해 빠진 기질을 씻어내도록 하루 종일 늘 언행에 신중을 기해야 하느니라.

참된 마음을 갈고 닦아 허공같이 되면 자연히 마군의 기운이 물러나게 되리라. 훌륭한 스승을 찾아 부지런히 배우고 익히며 도반들의 책선責善(착한 일 권함)을 구할지언정 마음을 어지럽게 가져 백세광음을 헛되이 보내지 말지어다.

지난 현성인들을 본받고 배워야하며 모두가 삼혜(聞慧, 思慧, 修慧)을 통해 증득하고 사위의(行住坐臥) 중에 진지한 자세를 견지하며 한 순간도 정법에 어긋남이 없어야 비로소 대원경지에 상응하리라.

부처님이 각종 경전에서 종횡무진으로 깨달음의 길을 펼쳐보였으니 그에 의해 익히지도 듣지도 행하지도 않는다면 어느 세월에 마음을 깨칠까 감히 묻고 싶구나.

속히 불법을 궁구함을 머리에 붙은 불을 끄듯 해야지 내년 또 내년하고 자꾸 미루지만 말지어다. 호흡을 내쉬어 들이키지 못하면 곧장 세상을 달리하니 뉘라서 이 육신의 견고함을 보증하리오.

길쌈을 하지도 않고 좋은 옷을 걸치고 밭을 갈지도 않은 주제에 호의호식好衣好食하니 그것은 모두 직녀와 농부의 피땀 흘린 노고의 덕인 줄 알아야 하니라.

도업 성취를 위해 시주물을 받아쓰나니 도업도 미처 이루기전에 어찌 그것을 남용하리오. 아! 슬프도다! 부모님이시여, 자식위해 쓴 것은 삼키시고 단 것은 토해서 애써 먹이시고 당신께선 찬 곳에 앉고 따뜻한 곳엔 자식을 뉘이시며 기른 뜻은 가문을 이어받고 선조의 대업을 승계코자 함이었는데 하루아침에 부모를 하직하고 출가 입산하니 부모 연세 팔구십에 의지할 곳이 일시로 없어졌도다. 만약 입신 출가하여 법성의 경지를 깨닫지 못하고 그저 그렇게 어영부영 세월만 보내게 되면 결과적으로 불효막심한 행이 되리라.

중생의 복 밭인 가사를 습襲하고 용을 항복시킨 신령한 바루대로서 일생의 의식衣食을 해결하며 해탈로 지향할지언정 조그만 잇끝에 마음을 집착한다면 어찌 피안의 열반성에 도달할 수 있으리오.

선남자야, 반드시 아래의 사실을 잘 알아야 하느니라. 만나기 어려운 것을 만나게 되는 것은 오늘날에도 마찬가지라. 이미 출가하여 몸에 법복을 걸쳤으니 이는 마치 백년에 한 번 대해大海에서 구멍 뚫린 판자를 만나면 잠시 쉴 수 있는 눈 먼 거북이 신세와도 같도다.

대장부라면 의지를 철석같이 가져 몸과 마음을 단단히 결속해서 경계에 쉬이 흔들려서는 안 되느니라. 만약 염원과 실천을 잘 조화롭게 해나간다면 드디어 미륵불께서 사문에게 친히 수기授記(豫定부처)를 내리리라.

2. 규봉 밀선사 좌우명

(곁에 두어 참고 반성위한 글)

오전 세시 내지 다섯 시 사이에 잠자리에서 기상해야 하루 일을 제대로 할 수 있고 말은 적게 할수록 그만큼 허물이 적어지도다. 몸과 마음을 편히 하려면 우서 계戒와 정定을 부지런히 닦아야 하며 일은 간단히 하고 사람과의 번잡한 교제를 줄여야 하느니라.

타인의 허물을 굳이 따지지 말고 자기의 잘못을 스스로 고쳐나가야 하느니라. 인간 백세 유한하니 번거로운 세상사를 어느 때에 쉴 것인가. 출가입산, 삭발염의하여 수도승과 함께 한 이상 마땅히 고승 대덕을 닮을지언정 어찌 마음속으로 세태에 따라 시끄러운 인간세상을 그리워하리오.

사은(국가은, 시주은, 사장은, 부모은)의 무게가 산악보다 더하다고
해도 갚을 요량은 하지 않고 수행없이 우치하게 큰 방에 머물면서 갈
급渴急한 마음으로 어찌 시주 물을 구하리오.

생사는 바로 호흡간이라. 일고 사라짐은 마치 물거품과도 같느
니라. 가사를 입은 채 아비지옥에 떨어질 인업因業을 짓지 말지니라.

3. 주위빈 사문 망명법사 식심명
(마음을 쉬게 하는 말씀)

법계에 여의보주(마니주: 隨願成就珠) 같은 사람이 있나니 바로 오래 몸에 간직하고 가슴에 새겨두는 자로 예부터 이를 일러 잡다한 마음을 거둬들여 한 곳에 전주專注하는 섭심인攝心人을 일컬음이라. 정말 도리에 맞는 말이고, 정말 도리에 맞는 말이로다.

많은 근심걱정을 덜려면 많이 알지 말아야 하나니, 많이 알면 다사다망多事多忙해져 마음을 푹 쉬는 이만 못하니라. 생각이 많으면 잃음도 많나니 한 가지 일에 전념하는 이만 못하도다. 생각이 많으면 뜻이 산만하고 앎이 많으면 마음이 어지러워지나니 마음이 산란하면 괴로움이 생기고 뜻이 산만하면 수도에 방해가 되느니라.

그런들 무슨 지장이 있으랴하고 말하지 말라. 그에 따라 치르는 고통의 기간이 너무 길도다. 무엇이 두려워 할 것 있냐고 말하지 말라. 그 화보禍報가 물 끓듯 치성하리라.

물방울도 쉬지 않고 모이면 사해四海에 가득찰 것이고, 티끌도 계속 쌓이며 오악五嶽이 되도다. 여줄가리(하찮은 것) 문제를 방지하는 데는 근치根治에 있나니, 비록 소소한 것일지라도 가벼이 여겨선 안 되느니라.

얼굴의 일곱 군데 구멍(두 귀, 두 눈, 두 코, 입)과 육정(육근, 안이비 설신의)을 닫고서 물색物色을 엿보지 말고 소리조차도 듣지 말아야 하나니 소리를 진정코 듣는 자는 귀머거리요, 정말 물색을 보는 자는 장님이니라.

한갓 문장과 재능은 공중을 나는 하찮은 파리매요, 또한 기술과 재주는 한낮의 등불이라. 뛰어나고 현명한 자의 재주와 재능은 본래 면목의 자리에서 볼 때 결국 어리석고 사리에 어두운 짓이니라. 성실하고 꾸밈없는 본래 성품을 버리고 요사스러우며 아름다운 것에 탐닉하면 말馬과 같은 의식이 쉬이 내달리고 잔나비 같은 마음은 통제하기가 어려워지느니라. 정신을 너무 사용하면 몸이 반드시 상해 건강을 잃게 되나니, 삿된 길에서 마침내 바른 길을 잃어 헤매게 되고 수행의 길이 영원히 막히게 되리라.

뛰어난 사람들의 재능이 궁극적으로 미욱한 것에 지나지 않으니 서툰 걸 싫어하고 익숙한 것만 선망한다면 덕을 널리 펴지 못할 것이요, 이름만 높지 실천함이 적으면 그의 명망은 쉬이 허물어지고 말리라.

평화 시엔 재능을 펴고, 난시엔 거둬들인다면 그 사용이 항상하지 않음이요, 마음 씀이 교만하면 사람들로부터 원증怨憎을 사게 되도다.

혹, 자기가 한 말이나 자기 작품을 두고 남들로 하여금 칭찬하게 한다면 그 또한 심히 추한 일이로다. 범인들은 칭찬받는 걸 좋게 여기나 성인은 그런 것을 달갑게 여기지 않나니 즐기는 것은 잠시지만 후회하는 마음은 오래 가니라.

헐떡거리며 내닫는 자기에게 쫓아 붙는 그림자를 두려워하고 발자국조차 미워하여 뛰쳐나갈수록 마음은 더욱더 조급해지나니 차라리 나무그늘 밑에 단정히 앉아 자기의 그림자와 발자취를 없앨지어다.

영생永生을 좋아하고 늙음을 근심하여 생각 생각에 대책을 강구하기 보다는 마음을 푹 쉴라치면 생사심이 절로 끊어져 죽음이 죽음이 아니고 생이 생이 아니라. 결국 모습도 없고 그에 붙일 이름조차 없게 되니라.

한결같은 도가 텅 비고 고요하여 만물이 평등하면 무엇이 수승하고 무엇이 열악하며 무엇이 무겁고, 무엇이 가벼우며, 무엇이 귀하고, 무엇이 천하며, 무엇이 욕되고, 무엇이 영광스러우리오.

맑은 하늘보다 더 맑은 것이 어디 있으며, 밝은 해보다 더 밝은 것이 또 어디 있으리오.

일도一道야 말로 저 태산준령보다 더 안정되어 평안하게하고 금성탕지金城湯池보다 더 견고하니라.

　　삼가 현철賢哲에게 전하노니 이 수승한 불법을 영원하게 할지어다.

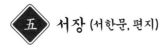

1. 동개 양개 화상 사친서

(부모 하직서)

① 삼가 들자옵기에 모든 부처가 인간 세상에 몸을 나투실 적에 하나같이 부모님 몸을 의탁해서 몸을 받아난다고 하시고, 만 유정중생이 생겨남에도 모두 천지의 힘을 받지 않음이 없느니라. 그런 까닭에 부모가 아니면 날 수가 없고 천지의 도움이 없으면 자랄 수 없도다. 모두가 부모로부터 양육의 은혜를 입음이요, 천지로부터 가호의 덕을 받지 않음이 없도다.

아! 일체 사람과 삼라만상이 다 무상하여 생멸을 거듭하나니 갓난이 적에 젖 먹여 기른 정을 비롯하여 여러 가지로 기른 은혜가 깊고도 중하니라. 만약 온갖 재보로 이바지하여도 끝내 그 은혜에 보답하기 어려우며 피밥을(血飯) 지어 부모를 공양한다 해도 어찌 오래도록 살아계실까. 효경에서 말하길 맨날 소, 돼지를 잡아 부모를 봉양한다고 해도 여전히 충분한 효도가 되지 못한다하니 미처 다 못한 불충한 업과에 의하여 영원히 육도윤회를 면치 못하리라.

한없는 부모친척들의 은혜를 보답코자 함에는 출가공덕보다 더 나은 게 없다. 그로 인해 생사에 따르는 애욕의 강을 건너고 번뇌의 고해를 뛰어넘어 다겁생래 이어 온 부모의 은혜를 보답하고 더 나아가 삼유(욕계, 색계, 무색계)에 걸쳐 사은(국가, 사장, 부모, 시주은)에 보답하지 않음이 없느니라. 고로 경에서 말하길 한 아들이 출가하면 구족이 하늘에 태어난다고 했느니라.

양개승은 금생의 이 몸은 안 태어난 셈치고 다시는 고향으로 돌아가지 않고 억겁토록 쌓인 번뇌티끌을 다 쓸어내어 기필코 해탈코자 맹세하나이다.

엎드려 바라노니 부모님께서는 마음으로 기꺼이 저를 단념하시고 다시는 연련해 하지 마시며 부처님의 부모이신 정반왕과 마야부인의 뜻을 본받고 배우시길 바라나이다. 이후 언젠가 부처님의 회상에서 서로 만나길 바라며 지금은 잠시 서로 이별하는 줄 아소서. 양개 소승은 부모님을 가까이서 봉양하는 것보다 오역죄(살모, 살부, 살아라한, 出佛身血, 破和合)를 더 두려워하나이다.

세월은 사람을 기다려주지 않나니 그래서 선철先哲이 송頌하되,

이 몸 이 생 애 제 도 못 하 면

다시 어느 생애 이 한 몸을 제도하랴
하였으니 엎드려 바라옵나니
마음속에 소생을 잊어 주소서.

게송으로 읊어 이르길,

마음자리 찾지 못해
세월만 보내니
아! 뜬세상에서
마냥 하릴없어 하노라.
적잖은 사람 인생 일대사를
다 톺아 봤다는데
나만 홀로 몽롱히
홍진紅塵서 딩구나니
삼가 서찰書札을 갖춰
부모를 하직하고
대법을 밝혀
은혜에 보답하자 하나이다
슬피 눈물지으며
연련하지 마시고
처음부터 저 한 몸 없었다 여기소서
숲과 백운白雲 도반삼고

문전門前 청산 이웃삼고

세상 명리名利 벗어나고

인간탐애 떠나서

조사祖師의 의중을 일언지하一言之下 깨치고

깊고 미묘한 도리 남김없이 타파하고

일가친척 오는 세상

한 자리서 만나려면

미래의 바른 인과因果 기다려야 하리

② 후서(또 한편의 편지)

양개 승이 부모를 멀리 여의고 주장자를 내짚으며 남방으로 유
행遊行한 지가 어느덧 십 수 개 성상이 지났나니 어느 날 갈림길에서
갈길 몰라 머뭇거리는데 불현 듯 부모님 계신 곳과는 수만 리나 떨어
져 있음을 느꼈습니다. 엎드려 바라노니 어머니께선 애뜻한 마음을
거두셔 도道를 사모하시고 뜻을 한 군데로 모아 공空으로 돌리사 이
별의 아픈 정일랑 품지 마옵시고 문기둥에 기댄 채 하염없이 불초를
기다리지 마시옵소서.

가중家中의 일상사는 되어가는 데로 자연스레 처리해 가소서. 맘
에 간직하고 있을수록 더욱더 많아져 결국 나날이 번뇌만 더 늘어나
외다.

형은 어머님을 잘 받들어 옛날 왕상이 그의 계모를 위해 한 겨울

어름 위에서 잉어를 구하듯 할 것이며, 동생은 있는 힘을 다해 봉양함을 옛날 맹종이가 어머님을 위해 한 겨울 대밭에서 울어 대순을 구했듯 할 것이옵니다.

무릇 인간은 세속에선 자기를 수양하고 효도를 지극히 행해야 천심天心에 합해지고 출가사문은 공문空門에서 도를 향해 열심히 참선함으로써 한량없는 어머님의 은혜에 보답하게 되나이다.

지금은 많은 산과 강이 가로막혀 둘이서 방향을 달리한 채 아득히 떨어져 있나이다.

한 장의 종이에 여덟 줄의 글로서 잠시 회심懷心의 일단을 피로하고자 합니다. 이하 게송을 지어 노래하되

명리名利를 구하지 않고
선비도 원하지 않고
불문을 좋아해 세속을 버리고
번뇌 다할 때 시름의 화염 꺼지나니
모자 애정 끊은 곳에
애욕의 강물 마르고
육근이 텅 비니
향기론 지혜바람 불어들고요
한 생각 일어나자마자
힘차게 솟아나는 지혜여
삼가 어머님께 알리노니

멀리 슬피 바라보지 마옵시고
죽은 자식마냥
아예 없었던 거로 여겨주소서.

③ **낭 회답**(어머님의 답신)

내가 너와 숙세에 인연이 있어 모자인연으로 맺어져 온갖 애정을 다 쏟았나니 너를 잉태한 후부터 천지신명과 부처님에게 기도하여 생남하기를 축원했느니라. 내가 만삭이 되어 목숨이 실낱같은 위기를 지나 드디어 소원성취가 되었으니 너를 봄에 보석보다 더 소중히 여겼고 냄새나는 대소변을 마다하지 않았으며 애써 젖 먹여 기르는데 여념이 없었느니라. 웬만큼 자라 학령기가 되어서 서당에 보내어 조금이라도 귀가가 늦으면 대문에 기대 애타게 기다리곤 했느니라.

네가 보낸 편지에 굳이 출가하겠다고 하니 아버지는 돌아가셨고, 나는 이미 늙었으니 형은 사려가 부족하고 동생은 너무 가난한지라. 내 뉘를 의지해 산단 말이냐? 자식은 어미를 버릴 생각을 가질 수 있으나 어미는 자식을 버릴 마음이 생기지 않느니라. 일단 네가 집을 떠난 후 나는 늘 밤낮으로 슬피 우나니 괴롭고 괴롭도다! 네가 결단코 환향하지 않겠다고 결심했다니 네 뜻을 따르지 않을 수 없구나. 네가 옛날 왕상이가 그 계모를 위해 한 겨울 어름위에 누워 잉어를 구한 것과 정란이가 돌아가신 고비考妣(亡母)가 그리워 나무에 모습을 새

겨놓고 예경禮敬했던 것과 같이 행하길 바라진 않지만 네가 목련존자 같이 대도사가 되어 나를 고해에서 건져줄 만큼 성승聖僧의 경지에 오르기를 바라노라.

그렇지 못하면 큰 허물이 되리니 부디 몸소 잘 헤아릴지어다.

2. 무주 좌계산
낭선사 소 영가대사 산거서
(朗師거처로 영가 師 초청서)

영계(지명)에 머문 이래 마음이 평안한지라. 높고 낮은 산정을 늘 석장을 부여잡고 유반遊盤(거닐며 즐김)하며 때론 돌무덤과 바위 동굴에 편히 앉아 좌선을 하니 푸른 소나무 맑은 물에 밝은 달이 절로 비치고 바람불어와 흰구름 다 쓸어버리니 천리가 한 눈에 들어오도다.

아름다운 꽃과 향기로운 열매엔 벌과 새들이 찾아들고 원숭이의 긴 울음소리는 원근없이 다 들려오도다. 호미자루를 베개 삼고 보드라운 풀을 엮어 이불로 삼도다.

세상은 각박하여 너 나로 경쟁이 치열하니 그 가운데서 어떻게 마음을 깨달을 수 있으리오.

이곳의 정황이 이러하니 잠깐 겨를이 있으면 이곳을 한 번 방문하시길 바라도다.

3. 영가 답서

우리 서로 이별한 이래 벌써 수년의 세월이 흘렀구려. 멀리서 마음속으로 그대를 그리워하는 생각에 세월이 거듭할수록 되려 근심이 되던 차제 난데없이 보낸 편지를 받아보고 씻은 듯이 안심이 되는구료.

나에게 편지를 보낸 후 그 사이 법체는 어떠한지? 불법의 본질은 불가사의한 힘을 가지고 있어 무상의 깨끗한 즐거움을 준다고 하더이다. 조금 시간을 내어 불법묘리를 삼가 게송으로 읊조리고 싶으나 표현할 적절한 말을 찾지 못하겠구려.

빈도貧道는 불조의 뜻을 받들어 지조를 지키고 홀로 깊은 산속에 칩거하며 세속에서 자취를 감추고 지인과도 왕래를 끊었도다.

조수鳥獸들은 때때로 밤낮없이 가까이와 놀다가고 아침 내내 고요하여 보고 들음을 모두 쉼에 번거로운 이 마음이 한결 더 고요해지도다. 고인이 이르기를 산봉우리에 홀로 머물기도 하고 나무 그늘 속에 단정히 앉아 번거로움을 떨쳐버리며 깊은 도를 맛보아라 하신 뜻이 정작 이와 같으리라. 그러나 바른 도는 미묘함이라. 비록 조금 닦음이 있다고 해도 이해하기 어려우니라.

삿된 무리들은 아는 것 없이 시끄럽게 떠벌리기만 하며 배워 익힘도 없이 쉬이 묘법에 가까이 할 수 있다하나 깊은 법에 계합하거나 행동으로써 그것에 부합하지 못하면 깊은 산 속에 살면서도 미혹한 마음으로는 한 평생을 값지게 산다할 수 없도다.

모르고 부족하면 간절하게 두 손을 맞잡고 무릎을 꿇어 앉아 몸과 마음을 단정히 하여 밤낮으로 피로를 잊고 응당 선지식을 시종 여일 경건히 믿고 따라야 하리라.

몸과 입의 욕구를 꺾어 버리고 교만과 태만심을 없애며 지극한 도의 터득을 위해 오로지 정성을 다해야 비로소 마음을 맑히고 밝힐 수 있네그려.

대저 깊고 묘한 법을 궁구함은 실로 손쉬운 일이 아니라 법을 밝혀 나갈 때엔 얇은 얼음을 밟고 가듯해야 하며, 귀와 눈을 오로지 한 군데로 기울여 깊은 소리를 잘 들어야 하네. 마음의 티끌을 말끔히 씻어내 깊은 도리를 잘 음미하며 말을 잊은 채 뜻을 추구하여 번거로움을 푹 쉬고 미묘한 도리를 밝혀나가야 하리. 그러는 중 저녁이 되도록 몰라 근심스러운 점은 아침에 선지식에게 자순咨詢하여 터럭만큼도 외람됨이 없도록 해야 하도다.

이와 같이 한다면 산 속에 몸을 숨겨 번거로움을 푹 쉬어 수도한 결과로 무리에서 두드러진 수좌가 되리라. 혹 마음을 통달하지 못하면 물색에 부딪칠 때마다 마음이 꽉 막히며 훤소喧騒를 피하고 적정寂靜을 구하고자 온 세상을 다 다녀 봐도 그에 상응한 방도를 찾지 못하리라.

게다가 울창한 수풀과 험준하게 깎아지른 바위산에는 조수鳥獸들이 울부짖고 송죽松竹이 우거진 가운데 바위 사이로 흐르는 물의 유세流勢는 세차며 바람결에 나뭇가지들이 서걱서걱 부딪치는 소리는 스산한 느낌을 자아내고 칡덩굴 나무는 이리저리 얽혀있고 주위에 안개는 자욱하며 계절에 따른 산물은 피고지고 나고 죽으며, 아침 저녁으로 떠오르는 해의 광경과 지는 노을의 장관은 눈이 부실정도이니 이런 것들이 어찌 요란함과 소란함이 아니리오.

그래서 지견知見의 미혹에 사로잡혀 있으면 보거나 듣는 것마다 체애滯礙되도다. 그런고로 먼저 도를 알고 나서 산 속에 있어야하니 도를 모르고 산에 있으면 단지 산의 모습만 볼 뿐 반드시 도를 망각하게 되도다. 산에 있지 않아도 먼저 도를 알기만 하면 바로 도를 볼 뿐 반드시 산을 잊어버리게 되니 산을 잊으면 도성道性이 마음을 즐겁게 하고 도를 망각하면 산색山色에 현혹되도다.

도를 보고 산을 잊은 자는 자기 자신조차도 고요해지고 산을 보고 도를 잊은 자는 산속이 온통 훤참喧雜하니라. 오음五陰(색수상행식)

이 공하여 아我가 없는 줄 알아야하니 무아無我인데 뉘가 세상에 영원히 존재하며 오음과 십이입十二入(內六入-안이비설신의, 外六入-색성향미촉법)이 공과 같아서 텅 빈 산골짜기와 다름이 없도다.

삼독(탐진치)을 제거하지 않고 육진(색성향미촉법)이 쉴 새 없이 어지럽게 요동쳐서 몸과 마음에 조화를 잃은 상태에서 어떻게 산의 고요와 소란을 말하겠는가?

도의 성품은 본래 텅 비어 만물은 처음부터 장애됨이 없고 참된 자비는 평등함에 성색聲色이 다 어찌 도가 아니랴. 오직 지견이 전도되어 미혹이 생겨 드디어 육도윤회를 면치 못할 뿐이도다. 경계가 공함을 요달한다면 서 있는 곳마다 도량 아님이 없고 본래 무일물無一物임을 알게 되도다. 그런 까닭으로 불성은 애초부터 아무런 조건 없이 사물을 비춰보나니 원융한 법계에서 지혜와 미혹이 어찌 다르리오.

인간으로서 자비심을 가지고 생각하면 바로 사물을 아낌없이 포용할 수 있나이다. 지혜가 생기면 법을 응당 원만히 비춰볼 수 있고 소관所觀(대상, 객체)을 여의면 능관能觀(보는 주체)이 어찌 있으리오. 자비심이 발동하면 마음으로 당연히 모든 걸 거둬들일 수 있나니, 중생의 뜻을 어기고서 어떻게 그들을 제도할 수 있으리오. 중생을 죄다 제도하려면 자비심이 무한해야하고 경계를 끝까지 비춰보려면 지혜가 원만해야 하느니라. 지혜가 원만하면 훤적喧寂을 분별하지 않고 자비심이 무량하면 원수와 친한 이들을 다 함께 제도할 수 있도다.

이와 같이 한다면 어찌 깊은 산속에 오래 머물 필요가 있으리오. 가는 곳마다 인연에 내맡길지어다. 게다가 법은 텅 비어 통하지 않음이 없고 마음은 고요하고 고요하여 본래부터 있지 않거늘 뉘라서 애써 있다 없다고 하리오. 소란을 피운다고 어떻게 시끄럽다 하겠으며 적정寂靜하다하여 어찌 고요하다 하리오.

대상과 내가 하나가 되면 서로 간에 수도修道의 계기가 되나니 어떻게 다시 세속의 소란을 구하고자 산속의 고요를 버리고 달아나리오. 이리하여 동動을 버리고 정靜을 구하는 자는 흡사 목에 씌우는 칼을 싫어하면서도 발에 채우는 족쇄를 좋아함과 같고 원수를 싫어하고 친한 이들을 좋아하는 것은 짐승을 가두는 우리를 싫어하면서 새를 가두는 조롱鳥籠을 좋아하는 것과 같도다.

소란 속에서 고요의 의미를 터득하면 시끄러운 시장판이 고요한 선방과 같고 삿된 속에서도 도에 맞는 것을 받아들이면 원수거나 빚진 이도 처음부터 선량한 친우가 되도다. 이같이 한다면 재물을 강탈하는 자와 명예를 훼손하는 자까지도 언제나 나의 스승일 수 있으며 또한 부르짖고 성가시게 떠듦이 적멸이 아님이 없다.

오묘한 도는 형상이 없는 줄 알아야 하나니 모든 법도 이런 이치에서 벗어나지 않도다. 진여는 적멸이라 모든 소리는 그 근원을 달리하지 않나니 모든 소리는 적멸로 다 돌아가도다. 미혹하면 지견이 전도되어 미혹이 생기며 깨달으면 바르고 삿될 여지가 없다.

불성은 텅 비고 고요하여 존재하지 않지만 인연이 모이면 능히 생겨나니 높은 산이 없지도 않지만 인연이 흩어지면 없어지니 멸해버린 후면 높은 것도 있을 수 없다. 무엇으로서 없앰을 없애며 생이 벌써 생이 아니라면 무엇으로서 생을 있게 하리오. 생멸은 없고 실상

(불성)은 상존하나니 선정禪定의 물이 도도滔滔히 흐르면 무슨 마음의 티끌도 깨끗이 못 씻어 내겠으며 지혜의 등불이 밝디 밝으면 무슨 미혹의 안개를 제거하지 못하리오.

이런 이치에 어긋나면 육도 윤회를 면치 못할 것이고 알아서 행하면 삼도고해를 뛰쳐나올 수 있도다. 이런 경지에 들면 바로 지혜의 배를 타고 법해法海에 노닐며 산골짝에서도 부수어진 수레에 말을 메어 내달릴 수 있도다.

사물이 어지러울 정도로 잡다하나 그의 본질은 동일하며 신령스러운 마음은 고요하고 고요하여 짐짓 작용함이 없어도 절로 알게 되고 실상實相은 자연 그대로이며 영묘한 지혜는 조작이 아니로다. 마음이 미혹하면 이를 일러 본성을 잃음이라 하고 깨달으면 이를 증득함이라 하니 실과 득은 사람이 하기에 달려있을지언정 어떻게 소란과 고요에 관계되리오. 비유컨대 배를 저을 줄 모르면서 물길이 험난한 것을 원망하는 것과 같음이로다.

깊은 도리를 묘하게 알아 마음을 비우고 무언중에 그것과 계합하면 동정動靜과 어묵語默 중에도 법도가 있고 심신이 절대경지에 조용히 내맡겨져 아주 평안해지도다. 이같이 되어야 비로소 깊은 산골짜기를 자유롭게 거닐고 도성都城과 시골을 나다니며 걸림 없는 행을 할 수 있도다. 나아가 예의범절을 갖춰 즐겁게 노닐며 마음을 고요하고 편안히 하여 사리사욕심이 없이 태평 무사해진 담담한 자세로서 헐떡거리는 마음을 쉬면 자연히 조용하고 한가한 기운이 밖으로 흘러나오도다.

육체야 구애拘礙받겠지만 마음은 태평하여 살아생전에 그의 모습은 온 천하에 나타나고 죽어서는 그 망령이 법계에 두루 편안하리라. 따라서 상황에 따라 감응感應하나니 당연히 일정불변의 고정심이 없어지도다.

편지가 번잡하여 이로써 줄이고자 하니 더 이상 태산같이 하고 싶은 말들을 어이 다 펼 수 있으랴? 서로 뜻이 통하는 도반이 아니면 어찌 감히 경솔하게 자비의 마음에 거슬릴 정도로 어찌 이렇게 언짢게 할 수 있겠느냐.

편히 앉아 정진하고 난 여가에 잠시 나의 어줍잖은 말들을 한번 생각해 보구려. 졸반拙伴의 허황된 말이 조금도 가당치 않을 줄 아네.

다 읽은 후 곧장 뒤돌아서 이것을 불에 태워주구려. 이루 다 말하지 못하고 이만 끝내야 하겠군.

도반 현각 합장

4. 응암 담화선사
답 전장로 법사서
(담화선사 수전장로가 법상좌에게 답함)

본 노승이 어린 나이에 출가함은 올바른 인행因行이며 삭발치의
削髮緇衣함도 올바른 인행이고 생사본질을 밝히지 못해 무명을 헤쳐
본지풍광을 바라보고자 한때 참된 선지식을 참방함도 또한 올바른
인행이도다.

한 회상의 회주가 되어 대중을 제접한 지금에 삼십여 년에 이르
도록 일찍이 터럭만큼도 나 자신에게 관대한 적이 없었으며 방장의
소임을 조금도 게을리 한 적이 없고 밤낮으로 정진해 조금도 태만한
적이 없었도다. 사내 대중의 살림살이와 수행을 염려하여 잠시도 대
중을 잊은 적이 없고 공용의 사내寺內 상주물을 사사로이 쓴 적이 없

었도다.

제 대중은 행혜行慧가 옛 고승에 미치지 못하나 자신의 역량에 따라 수행하여 부끄럽지 않도록 할지어다. 가슴 아픈 일은 부처님의 혜명慧命이 아주 위급한 정도가 몸에 살을 떼어내는 것보다 더 심하여 부처님께 깊은 은혜를 갚아야 한다고 생각하니 자나 깨나 편히 쉴 겨를이 없고 사방에서 모여든 납자들이 마음을 밝히지 못한 것을 생각하니 공중에 거꾸로 매달려있는 고통보다 더하도다.

비록 고덕 대승에 비하면 만에 하나에도 미치지 못하는 바로 이 마음만은 속일 수 없도다. 장로가 일찍이 내 곁에서 삼사년 간 시봉함에 인품이 늠름하고 뛰어났으니 참으로 기뻐해야 할 일이었도다.

지난해 여름 안거가 끝날 무렵 내가 장로를 열중悅衆(입승 보좌직)에 임명했으니 이는 내가 장로를 잘 알았기 때문이었도다.

내가 종산을 떠나 잠시 의성의 소정에 머물다가 얼마 되지 않아 고소의 광효사에 이르니 그 사이 두 달 중에 장로는 봉산의 청을 받아 고소를 거쳐 가면서 틈을 내어 몸소 나를 찾아와 만났으니 인간의 의리를 잊지 않음이 정말 이와 같을 뿐이다.

헤어진 뒤 서로 간에 아득히 멀고멀어 소식전해 듣지 못하고 그리워만하고 있던 차에 호정대사가 찾아와 장로가 보낸 편지와 증명물을 받고서야 비로소 장로가 사원에 처음 부임해서 법당法堂을 개설함에 나를 위해 향을 사루고 법연을 저버리지 않은 마음을 훤히 내보였음을 알았도다.

지금은 인천의 대도사가 되었으니 지난날과는 사정이 다르도다.

정작 내가 어려 출가해서 정식 사문이 되어 구법행각으로 참된 선지식을 참방하기도 하여 드디어 불법대의를 깨친 대덕이 되어 한 회상을 주관하는 것과 같이 장로 역시 그와 같은 올바른 인행으로서 행하고 물러날 줄 알아 행한다면 내가 굳이 함부로 경계하고 당부할 일이 없도다. 게다가 오늘날 불교집안이 활기가 없어져 적막하다고 어떻게 근심하리오. 건성虔誠을 빌고 또 빌도다.

신의信義를 표할 길이 없어 여기 불자拂子 한 대와 법복 한 벌을 부치오니 받아주기 바라도다.

소흥 임오년 칠월 초 칠일 평강부 광효사 서

응암 노승 담화 답신

5. 대지 조율사
송의발 여원조본 선사서

(조율사 원조, 종본 선사께 의발 보내며 쓴 편지)

지난 어느 날에 비구 원조는 삼가 서찰을 써서 정자사淨慈寺의 원조사승에게 부쳤습니다. 원조승은 일찍 계율을 배워 부처님의 법에 비구는 반드시 삼의三衣, 일발一鉢, 좌구, 녹낭(물걸개)을 갖추어야 함을 알았으니 이를 일러 비구 육물六物이라고 함이라.

상중하 근기에 따라 계율을 받들어 행하도록 했으니 출가사문들은 바로 이것을 어겨서는 안 됨이라. 어긴다면 곧 부처님의 가르침을 거슬러 사장師匠과 제자의 도리라고 말할 수 없느니라.

삼의란 어떤 것인가 하면, 첫째가 승가리라 하니 곧 대의大衣를 말함이라. 마을에 들어가 청공請供에 응할 때나 법상에 올라 설법할 경우에 착용함이라. 둘째는, 울다라승 이라 하니 다시 말해 중의(칠조가사)라 하고 대중과 함께 예불을 보거나 간경을 하며 공수당供需堂(식당)에 들어가 공양할 시에 착용함이라. 셋째는, 안타회(오조가사)라 하니 다시 말해 하의라 하며 도로를 오갈 때 사중 울력 시에 이것을 착용함이라.

이상 세 종류의 옷은 반드시 거친 삼베로 그 바탕을 삼아야 하며 청靑, 묵墨, 목란木蘭으로 물감을 들이고 크기는 대략 삼촌(1촌은 1~1.5자) 내지 오촌쯤이어야 하니라.

삼의가 헤어지면 곧장 깁는 것은 사문으로 하여금 탐욕심을 버리게 함이요, 복지服地의 구획이 분명한 것은 복전을 내보이기 위함이라.

그 지음 모양새를 말하자면 삼승(성문승, 연각승, 보살승)의 성현들도 같은 양식이며 각각의 명칭에 대해선 구십육 외도들은 미처 듣보지도 못한 바이고, 삼의의 공덕은 그것을 습襲하면 흉악하고 위험에 대한 근심이 없어지며 용龍이 입으면 금시조(용을 잡아먹는 새)의 난을 피할 수 있도다. 여타 자세한 것은 죄다 대장경에 수록되어 있기에 여기서 더 이상 거론하지 않도다.

첫째, 발鉢(바리대)이란 갖춰 말해 '발다라'라고 하는데 당언唐言으로 응기應器라고 의역하며 재질은 철과 토제土製이고 색깔은 검푸른 색으로 훈제燻製하며 크기는 대략 삼두반 정도가 여법하도다. 이는 제불을 나타내는 상징물이요, 사당祠堂에서 쓰이는 제기祭器와는 다르도다.

옛날에 가섭여래가 싯달타인 나에게 내세의 석가여래로 수기(예언)하시며 내린 십삼조 거친 베 승가리가 바로 이것이라고 지도론에서 말하고 있느니라.

부처님이 열반에 즈음하여 음광(가섭)존자로 하여금 위의 승가리를 계족산에 보존하여 내세불인 미륵불을 기다리게 하셨으니 이는 모든 부처님을 존중하기 위한 것이니라. 달마조사가 서쪽에서 동토에 이르러 육대에 걸쳐 이것을 전수시킨 것은 법을 이어받음에 비롯함이 있음을 나타낸 것이니, 바로 이것은 모든 조사님들이 존중하는 바이니라.

최근 강의를 맡았던 재원 승이 법물들을 받들어 가짐에 여러 해가 되던 중 갑자기 병졸病卒했느니라. 유가에선 부모로부터 지어 받은 신체를 죽을 때까지 온전히 보존함을 효행의 으뜸으로 여기듯 그가 운명함과 동시에 문인에게 부촉하여 의, 발 좌구들을 원조 종본 선사에게 온전히 받들어 바치게 함은 실로 제불의 자비로운 음덕에 힘입어 저승으로 가는 길을 평탄케 하고자 함이니라.

삼가 생각하건대 원조 종본 선사의 도력은 앞선 대덕에 비춰 보다 못하지 않아 스승의 덕이 만물에 미치사 출세간인들이 개미떼처럼 흠모해 원근 없이 모여 들었나니 천하총림들 중에서 이보다 더 성대한 적이 없었느니라.

삼가 말씀드리자면 일은 시간에 따라 일어나고 도는 사람의 힘을 빌려 넓혀지나니 진실로 높은 도력을 굽혀 소승의 뜻에 따라 허용하시고 거둬주셔 다만 보관해 주신다면 대성(부처님)의 엄정한 법은 존속되고 제조가 남긴 도풍은 땅에 떨어지지 않을 것입니다.

　삼가 한 사문으로 하여금 의발을 가져가 봉납케 하매 예를 다해 편지를 써서 그 뜻을 아뢰옵나니 가부간에 선사께서는 결단해 주옵소서.

　이만 줄입니다.(대지 원조 율승이 재원승의 보관 법물을 그의 사승에게 보내면서 쓴 글)

6. 개선 밀암 겸선사 답 진지승 서

(도겸사가 진지승(헌령 補)께 답함)

　제가 삼가 말씀 드리옵기에 기쁘게도 관사에 여가가 많아 조용한 가운데 하는 일 없어 향을 사루고 불도에 매진하니 무슨 즐거움이 이보다 더 하리오.

　참선은 유가에서 과거에 응시하는 것과 같나니 응시의 뜻은 급제함에 있으며 급제하지 못하면 공명功名과 부귀를 얻어 일생을 영광스럽게 보내지 못하도다.

　참선의 뜻하는 바는 오도悟道에 있나니 오도하지 못한 채 복혜福慧를 갖춰 삼계를 초월하고자 함은 불가능한 노릇이외다. 듣건데 오도는 쉽고 급제는 어렵다하니 무슨 까닭이온지?

배워서 앎은 나에게 있고 주고 빼앗음은 상대자에게 있으니 나의 소견으로 상대의 소견에 합치는 것이 어렵지 않겠는가. 그런 전차로 과거에 급제함이 어렵다고 하외다.

참선함은 나에게 달려있고 깨치는 것도 나에게 달렸으니 나의 무견無見으로서 실상의 무견에 계합함을 쉽게 여겨 오도가 보다 더 쉽다고 하도다. 하지만 참선자는 많아도 오도자는 가뭄에 콩 나기니 무엇 때문이겠소? 아견我見을 가지고 있기 때문이요, 아견이 있으면 실상에 들지 못하여 마침내 쉬운 중에서 어려움이 되도다.

독서하는 자도 많고 과거에 급제하는 자도 많음은 무슨 까닭이오? 피차간 지견을 합하는 까닭이외다. 지견이 합해지면 천거薦擧되어 선발되나니 이는 어려움 중에 쉬운 일이라고 할 수 있도다. 따라서 지견을 합치는 것이 쉬운 일이요, 아견을 없애는 것이 어렵나니 나아가 무아는 쉽지만 무아가 무아인 것은 어렵고, 무아가 무아인 것은 쉽지만 무아가 무아인 것이 어려우며, 무무무인 것은 쉬워도 무무무가 또한 무인 것이 어려운가 하면 무무무가 무한 것이 쉽기도 하여 궁극적으로 좌대座臺(토대, 근원) 조차 냅다 뒤집어 엎어버리는 것이 더 어려우니라.

방거사가 이르길 삼신산의 쇠를 다 불리고 오악산의 구리를 다 녹여야 한다는 말이 어찌 사람을 속인다 하리오.(곧 철저히 없애야 함을 뜻함)

쓰다 보니 여기까지 쓰게 되었지만 끝으로 화로변에 온 가족이 둘러앉아 무생화無生話를 나눌 때 잠시 한번 웃으며 읽어봐 주길 바라도다.

7. 안시랑(임금 호위병)
답 운행인 서(안시랑, 운행인께 답함)

이즈음 송구스럽게도 편지로 저를 일깨워주시고 또한 선교禪敎에 걸쳐 가르침을 주시니 봉독해 봄에 심히 위로와 깨닫게 하는 바가 많았습니다. 그에 따라 일찍이 심중소회의 일단을 피력코자 했으나 마침 할 일이 많아서 선사에게 말씀드릴 수가 없었나이다.

이제 다시 새삼스레 말씀 드립니다만 선사께서 깊이 아껴주시지 않았다면 누가 이렇게 깨우쳐 주겠습니까?

하지만 제가 천질이 우매한 소치로 어떻게 그 깊은 뜻을 알 수 있겠습니까만 선사께서 하신 말씀 중에 제가 삼가 의심스러운 점이 있나이다.

여래께서 펴는 방편의 도에 있어서 선사께서 한편에 치우친 점이 있는 듯하옵니다. 여전히 인아人我의 지견이 남아있어 아我(주체)는 옳고, 인人(객체)는 그르다고 하시니 불법 중에서 이것이 큰 병입니다. 인아人我를 불식拂拭하지 않고 함부로 그것의 우열을 말한다면 다만 희론에 지나지 않아 쟁론에 끝이 없어 드디어 불법을 비방하게 되며 묘과를 터득하지 못하고 결국엔 악보를 초래하게 되나니 이 어찌 감히 신중하지 않을 수 있겠습니까?

다만 이미 적멸하신 부처님이 내리신 많은 방편 중 자기 근기에 맞는 어느 한 방편을 잘 선택하여 수행한 공덕이 원만하면 자연히 번뇌를 해탈하리니 나는 옳고 나머지 다른 것은 다 그르다고 굳이 우길 필요가 없겠습니다.

극락왕생을 위한 수행은 부처님과 제대보살들이 다 좋아하는 바이고, 출세간에 관계없이 왕생의 방도는 하나만이 아니지만 지금과 같은 말법시엔 정토(염불)문을 닦는 것이 왕생의 지름길입니다. 나아가 또 한편 먼저 육근, 육진을 씻어내고 아만我慢심을 꺾어야 합니다. 그 외 종종 방편문이 비록 유일 온전한 것이 아닐지라도 수행자의 심신상 능력과 천부적인 자질에 따라 수행 정진해 나가야 하온데 어찌 방편과 자타상의 우열을 마구 논하는 등 스스로 갖가지 차별수단으로 편설偏說하겠습니까?

달마대사가 서축에서 동토로 와 문자를 내세우지 않고 심인心印을 바로 전하며 꽃 하나에 꽃잎이 다섯이 될 거라 예언하셨습니다. 혜가로부터 이 법(불법)을 깨친 자는 무수하였으며 특히 당 건국 때 이

황제는 불법을 사장師長을 존숭하듯 하였으니 금에 이르기까지 불법의 전수가 끊이지 않음에 오로지 방편의 우열로서 왈가왈부할 수만은 없습니다.

강사들이 불경의 의미를 여타 경전을 조목조목 인용하여 증명하듯 수행한 정도가 십지 중 어느 지에 들고 어느 위격에 올라섰는지를 논한다면 흡사 허공을 그리는 것 같아 쓸데없이 스스로 고달파질 뿐이외다. 그래서 경에서 이르길 사람이 종일 남의 돈을 세어도 끝내 자기 몫은 일원도 없는 격이다 했나이다. 법을 두고 실제로 수행하지 않고 많이 듣기만 한 것도 이와 같다 하겠나이다.

선사께서는 지견심을 없애고 여타의 것은 논하지 말며 오로지 정업淨業을 닦아 나가시길 바라옵니다. 제가 선사와 함께 얘기를 나눌 적마다 불입문자不立文字란 말을 다분히 배척하시니 이 말이 옳지 않으면 달마대사가 반드시 서역에서 오지 않았을 것이며 이조 혜가는 즐겨 팔뚝을 잘라 바치면서까지 법을 구하지도 않았을 것입니다.

현하 선가에서 문자가 온 천하에 가득 찼으니 이는 하근기 중생의 말세에 자연스런 현상이라 어떻게 탓하기만 하겠습니까?

사바세계에 사는 중생들의 지견이 천차만별이라 한 가지 방편만으로 화택火宅을 벗어날 수 없기에 부처님이 여러 가지 방편문을 설하사 각계각층의 중생들로 하여금 그에 따라 수행하여 해탈케 하셨나이다.

이를테면 화엄회상에서 문수보살이 일찍이 각수존자에게 물었습니다. 심성이 한결 같은데 어찌하여 뭇 차별상이 생겼는가? 또한 덕수사에게 물었습니다. 여래께서 깨치신 법은 오직 하나인데 어찌하여 무량한 법문을 열었습니까? 이어 지수사에게 물었습니다. 불리佛理에선 지혜가 으뜸인데 여래께서 어째서 보시, 지계, 인욕을 기리고 나아가 다시 사무량심(자비희사)을 찬탄하시며 끝내 생사를 벗어나는 데는 한 방법만 있을 수 없다고 했나이까? 그것에 대해 각각 모두 게송으로 화답하셨으니 이는 선사께서 조석으로 염송하시는 바라. 그런 이치에 대해선 선사께서 반드시 깊이 이해하고 있으리라 사료됩니다.

대저 걸린 병이 다르면 그에 따른 처방도 다르게 마련입니다. 이제 수족의 병자에겐 그에 맞는 약을 복용하여 치유하겠지만 뱃병 환자가 수족에 효험이 없는 약을 구해 뱃병을 다스리는 약으로 삼는다고 해서 그르다고 말하겠습니까?

능엄 회상의 이십오 명의 원통사 가운데 유복 관음만을 추천하는데 어찌 관음만 수승하고 나머지 제보살은 열등하리오. 신선 및 외도들은 이 불법에서 볼 때 다 사견邪見에 지나지 않나이다.

화엄회상에서 선재동자가 참방한 선지식들 중에 외도도 있고 인왕도 있고, 창녀도 있어 그들 나름대로 중생을 대법大法(불법)으로 인도하였습니다. 만약 바른 수행만 고집한다면 선재동자가 참방한 치행痴行의 승열, 탐행貪行의 바수밀녀, 그리고 진행嗔行의 무염족왕 등은 모두가 잘못되었다고 하겠습니다.

많은 경장과 논장의 요지는 오직 중생의 병을 여의게 함인지라. 병이 없으면 그에 따른 약도 없기 마련인데 무엇 때문에 병 없이 뜸을

뜨겠습니까?

무시無始 이래로 염습染習된 마음의 번뇌가 지중하기에 정인淨因을 닦는 것이니 깨끗함과 더러움이 다 없어지면 다시 무엇을 닦을 필요가 있겠습니까?

삼계가 존재하지도 않는데 어느 곳에서 마음을 구하며 사대(지수화풍)가 본래 공한데 부처가 무엇에 의지하여 존재하겠습니까? 옷 속의 보물은 다만 옷으로 감춰져 있나니 옷만 벗기면 진주는 자연히 드러날 것입니다.

잠시 졸견拙見을 나타내어 가르침을 주신 편지에 회답하오니 혹간 달리 가르침이 계시면 다시 한 말씀 더 내려주시면 다행으로 여기겠습니다.

글이 조리가 없어 희론이 되지 않았는지 저어되옵니다. 이즈음 법체는 별고 없으십니까? 소화가 잘 안되어 고통스러워하신다는 말을 들었사온데 요즘은 쾌차하십니까? 저는 인연에 따라 하루하루 보내며 다만 무사만을 구할 뿐입니다.

늘 아무쪼록 법체 잘 보중保重하시길 바랍니다.

8. 고경 화상 회 분양태수

(태수께 회답함)

남양 충 국사는 당시 황제가 세 번이나 불러도 끝내 궁전으로 나아가지 않자 그로인해 천자가 더욱 더 그를 존중하게 되었다. 그러나 나는 남양 충 국사와 비하면 운양雲壤의 차가 있고 고인을 회상하면 매우 부끄럽기 짝이 없습니다.

어떻게 하여 분양태수께선 빈도를 토개土芥같이 여겨 실없이 서한을 보내 잠시나마 옥천사에 주석케 하십니까? 태수께서 어찌 이 한 몸 때문에 뭇 수자들을 다함께 욕되게 하십니까? 긴긴 세월 끝없이 흐르는 장강수長江水로도 그 욕됨을 다 씻지 못하겠습니다. 보내신 공한公翰을 정중히 반납하오니 관사(태수)께선 스스로 거두어 주시고 빈

도를 조수같이 방면하셔 구름 걸린 높고 깊은 산속에서 그윽한 풍치를 즐기게 하소서.

　이후론 소식 올리지 못하겠기에 대신 아침저녁으로 태수의 만수무강을 축도하겠습니다.

1. 남악 법륜사 성행당 기

(열반당 건립문) 초연거사 조영금 찬

일찍이 이르기를 모든 고통 중에서 병고가 제일이요, 복을 짓는 것 중에서 병간호가 가장 수승하다고 했나이다. 옛 사람들은 병으로서 선지식으로 삼았고 사리에 밝은 사람들은 간병으로서 복전으로 삼았도다. 그래서 총림에선 노병자를 위해 성병당을 설치했으니 이즈음 총림내의 뭇 대중들이 병이 나면 누구나 다 성행당에 들어가게 한 것은 거기에서 참회와 정진을 통해 자기 행태를 고쳐 병을 물리치게 할 뿐만 아니라 인경이 끊어진 깊은 밤에 외로운 촛불을 밝혀두고 인간 일대사를 찾아보게 했도다. 이런 것이 어찌 쓸데없는 노릇이겠습니까?

지당知堂(성행당 소임자) 소임을 맡겨 약과 상용물들을 상비시켜 필요에 부족함이 없도록 하였다. 이는 부처님이 이미 정한 법이지만 근세에 와서 그렇지 못해 당명堂名 조차 연수당延壽堂으로 고쳤으니 정작 상스럽고 속되어 법답지 못하도다.

병자도 거기서 스스로 자기 허물을 참회하지 않고 병구病軀를 고침에 필요한 처방에 따르지 않으며 탕약을 적시에 음복하지 않아 도리어 고질병이 되게 하도다. 병이 위독한 경지에 이르러서도 성행당에 들지 않고 자기 고집만 피우면서 제멋대로 행하는 자는 성행당을 설치하고 그렇게 이름붙인 의의를 져버리는 노릇이도다. 결국 지당은 유명무실하고 병승을 대하길 행인같이 하며 상주물은 일상에서 쓰기에 급급하여 병자를 조금도 위로하며 편안케 못하나니 부처님이 주재하셨던 회상의 지당이었던 우바니사타가 병들고 늙은이들을 보살폈던 의미를 상실했다고 하겠도다.

이런 전차로 병든 자는 끙끙거리며 몹시 아파하는 정도가 날로 더해지나니 이는 피차의 잘못이지 여래께서 법을 잘못 제정한 탓은 아니도다. 설령 친척과 지기知己들이 문병차 온다고 할지라도 거의 대부분 고향사람들이도다.

마음이 수행부족으로 인해 활달하지 못하면 일에 임하여 갑자기 착오가 생길 수도 있도다.

이제 다시 총림의 성행당이 새로운 모습으로 크게 일신하여 본분납자가 이에 준용하는 갖가지 물품을 다 갖춰놓아 더 이상 논할 것이 없도다.

반면에 병자 측에서 의당 어떻게 처신해야 하겠나이까? 자기를 반성하여 다시는 죄를 짓지 않기를 바라는 마음은 세간의 유식자들도 다 알고 있도다. 출가사문의 신분에서는 병고의 기회와 인연을 즉시 끊어버려야 하도다. 두통 등 각종 병환이 찾아들 땐 그 원인을 죄다 철저히 알아야하며 자기만의 신세에 억울해하며 고통스러워할 땐 그 원인을 알아보되 빈틈없이 꼼꼼히 생각해야 하느니라.

　　병드는 자는 누구인고? 사람이 이미 보이지 않는다면(我空), 병이 본시 어디서 온단 말이오? 사람과 병, 양쪽을 다 잊어버린 후의 그 한 물건은 무엇인고? 설령 일물을 분명히 볼 수 없다 해도 볼 수 있는 그날을 위해 아직은 자신의 육체를 잘 보중하는 것이 좋을 것이외다.

2. 무주 영안선원 신건 법당기

(新建 法堂 기록문) 무진거사 지음

임천의 진종유가 영안 요상노장 회상에서 대법(佛法)을 신행함에 따라 마음의 기쁨을 얻고서 자기의 가재家財를 기부하여 방장실과 회랑回廊을 짓고 나서 또다시 법당을 중수하던 중 종유거사가 사세辭世함이라. 그의 둘째 아들이 요상 화상에게 울면서 하소연하기를 저의 선친께서 불교를 신행하기 전에는 그렇게도 강건하셨는데 불교를 신행하고서 병을 얻어 세상을 여의게 되었으니 이렇듯 어찌 불교의 인과를 믿을 수 있겠습니까? 하였다.

요상 화상이 대답했다. 나는 수행이 부족한 하잘 것 없는 야반승野盤僧(流浪僧)이라. 그대를 깨우쳐줄 수 없으니 우선 부모님의 유지를 받들어 법당불사를 계속 마무리하도록 하라.

나의 선사에게서 사법嗣法한 제자 중 상수격인 무진거사는 불이不二의 경지에 깊이 들어가 변재가 걸림 없고 중생의 근기에 맞게 법문을 잘하니 진행 중인 불사가 회향되는 대로 곧장 그대를 위해 청원서를 지참해 가서 가르침을 구해 그대의 지금의 의심을 재결裁決해 주고자 하노라.

소성, 원년 봄에 요상 승이 명감 사문으로 하여금 산양에 가서 편지로서 거사께서 좀 와 주십사하고 말했으나 때마침 간관諫官으로 임금님의 부르심을 받은 차라 여가가 없었다. 이듬해 명감사문이 또다시 경도京都에 와서 그곳의 지해 선찰에 머물면서 거사로부터 소식을 기다렸니라.

그때 거사께서 방에 조용히 연좌宴坐하여 삼매에 드니 환幻 같은 경계가 명료하야 철륜鐵輪으로 정수리를 굴려도 몸과 마음이 아주 편안했도다.

명감 사문이 때를 봐서 거사를 찾아가 빗물처럼 슬피 울며 정성을 다해 거듭 청하되 대비하신 거사시여, 부처님께선 불법의 외호를 왕신에게 부촉 하셨는 바 현재 중생들이 고해에 떠돌아다니며 죽음을 두려워하고 오래 살 것만 탐할 뿐 인과에 미혹하니 거사께서 대의왕大醫王이 되셔서 법의 약을 베풀어 주소서.

거사께서 말씀했다. 착하고 착하시도다. 그대가 불원천리不遠千里하고 와서 진씨의 아들을 위해 여래의 무상비밀 심심법문을 편지로 청하니 내가 지금 써주는 편지를 잘 가지고 가서 요상 화상에게 전하시오.

선남자여, 실체성이 없이 텅 빈 이 공무한 가운데서 사상四象(금, 목, 수, 화)이 마구 생겨난 후 기가 쌓여 바람이 되고 형체가 모여 땅이 되며 양기가 응결하여 불이 되고 음기가 결정되어 물이 되나니 이들을 크게 세우면 삼재(三大-천지인)가 되고 흩어놓으면 만물이 되도다.

일체 유정물은 수화水火가 서로 가까이하여 형기形氣가 결정되어 사소상四小相(금, 목, 수, 화)이 사대계四大界(지수화풍)로 구상화되도다.

자식을 낳았으면 길러야하고 기르자니 재화가 필요하며 재화가 필요하면 모아야 하고 모으자니 절로 탐욕심이 생기며 탐욕심으로 인하여 경쟁심이 생기고 경쟁심 때문에 진심嗔心이 생기며 진심 때문에 사리에 거스르게 되고 흔심很心(거스르는 마음)으로 인하여 어리석음이 되며 어리석음으로 인해 구제하기 어려운 천치 바보가 되도다. 제불이 이런 삼독三毒(탐진치)이 삼대 아승지겁(무수겁)에 미친다고 하도다.

사람이 백년이란 겁 중에서 혹은 십 세 내지 이십 세 혹은 삼사십 세 혹은 오육십 세, 혹은 칠팔십 세를 살아도 각각의 수명은 스스로 소겁으로 여기나니(장수한다 해도 일장춘몽으로 여김) 이런 짧은 생애로 가히 셀 수 없는 겁을 초월하겠다고 여기는 것은 지렁이가 구름을 타고 승천하겠다는 것과 마찬가지라. 올바르다 할 수 없느니라. 그래서 부처님이 중생을 불쌍히 여기사 단바라밀(보시) 대방편문을 펴서 그들로 하여금 재물을 보시하도록 권장하셨다. 사람들이 재물을 보시하면 곧 사랑을 그만큼 버릴 수 있고 사랑을 버리면 몸을 버릴 수 있으며 몸을 버리면 뜻을 버릴 수 있고 뜻을 버리면 법을 버릴 수 있으며 법을 버리면 마음을 버릴 수 있고 마음을 버리면 드디어 도에 계합되도다.

먼 옛날 가섭 존자께서 중생을 교화하던 중 한 노파 집에 탁발하자 그녀가 깨진 사발그릇으로 쌀뜨물을 보시하자 존자가 받아먹고 허공으로 몸을 날려 십팔 종 변화신을 내보였도다. 가난한 노파가 우러러보고 마음속으로 한없이 기뻐했다. 존자가 말했다. 방금 청신녀가 보시한 공덕은 무량하도다. 인도人道와 천도天道, 전륜성왕과 제석천왕, 사과성인(수다원, 사다원, 아나한, 아라한)과 제불보살에게 노파의 소원이 다 이루어지게 하리라. 노파가 말했다. 무엇보다는 생천生天하기만을 바랄 뿐입니다. 존자가 말했다. 노파의 소원은 꼭 성취된다고 확신하소서. 이런 일이 있은 지 이레 만에 노파는 수명이 다해 바로 도리천에 왕생하여 한없는 즐거움을 받았다 하노라.

또한 계빈국 국왕이 부처님 회상에서 법문을 듣는 중 대중 가운데서 나와 말했다. 대성인의 세상출현은 천겁토록 만나기 어려운데 이제 복되게 이같이 만났으니 저는 곧장 발원하여 부처님을 위해 사원을 건립코자하오니 여래께서 허락해 주옵소서. 부처님이 말씀하셨다. 네 뜻대로 할지어다. 그때 바로 계빈국 왕이 대나무 장대하나를 가져다 부처님 앞에 꽂고 나서 정사를 다 지었다고 했다. 부처님이 말씀하셨다. 옳고 옳구나. 이 가람은 법계를 다 포용하며 이 불사의 공덕은 항하의 모래수보다 더 하리라.

명감사문이여, 자 가까이 오시오. 나를 위해 이 두 가지 얘기를 적은 서찰을 갖고 가서 단월(시주자)에게 보여 스스로 잘 헤아려 보라고 전하시오. 처사의 부친이 시주불사한 당실과 복도를 노파의 한 그릇 뜨물과 비교하면 받을 복이 더 많으리라. 그리하여 극락에 왕생하여 즐거움을 받을 것은 의심의 여지가 없고 또한 계빈국 왕이 꽂은 대나무 장대 하나와 비교하면 부친의 불사공덕은 무량한 법계를 포용하고도 남음이 있느니라.

처사가 이런 뜻을 좀 더 분명히 이해하고자 하면 나의 게송을 한번 읽어보게 하시라.

긴 장대 하나로 순식간에 가람을 세우고
바람결로 잡벌레 내몰아
남해 속으로 몰아 넣었는데(만물만사 하나로 아우름)
헌데 더러운 물 짐짓 뿌려
외려 제이의문第二義門이 되었으니(좋은 일에 긁어 부스럼 냄)
둔한 자질에 실수조차 거듭 하면서
공연히 전삼후삼前三后三만 묻네(우치해서 뻔한 일을 묻고묻는 모)

이쯤에 이르러 명감사문은 기쁜 마음으로 편지를 받들고 돌아와 당자(처사)에게 전하고 말씀의 요지를 필기하여 기문記文 형식으로 판각板刻했느니라.

3. 무주 영안선원 승당기

무진거사 지음

옛날에 수도자들은 심산궁곡에서 마음을 고요히 천착穿鑿하며 물욕을 버리고 사사로운 감정을 여의려고 했다. 움막을 거실로 삼고 풀을 엮어 옷으로 삼으며 두 손으로 개울물을 움켜 떠 마시고 명아주 잎을 삶아 먹었도다. 호랑이와 표범을 이웃하고 원숭이들을 가까이 하면서 살아도 수양에 따른 명성이 어쩔 수 없이 산문 밖으로 퍼지고 짓는 문장력도 뛰어나 수학에 힘쓰는 동지들이 불원천리하고 양식을 짊어지고 와서 교유코자 하였다. 산속 도인이 한사코 거절하며 받아들이지 않아도 곁에서 나무하고 풀 베며 방아 찧고 밥하며, 물 뿌려 청소하고 농작물을 심고 베는 등 옆에서 시봉들기 분주했다. 여러 가지 궂은일들을 마다하지 않고 애써 순일하게 정성을 다하는 가운데 꽤나 세월이 흘러도 조금도 피로해 하거나 싫어하는 기색이 없었도다. 그런 모습을 스승이 보고 가엾이 여겨 오로지 한 마디의 좋은 말씀을 내림은 그들로 하여금 생사대해를 건너게 하기 위함이라.

금일같이 방사의 호화함, 의자와 침구의 안락함, 깔개와 휘장의 따스함, 댓자리 평상의 시원함, 밝은 창문, 깨끗한 수건과 이불, 풍성한 음식 그리고 넉넉한 금전 등 바라는 대로 다 갖추고 구하는 대로 다 얻을 수 있음에 어찌 뜻이 있었겠나이까?

아! 옛사람들의 삶에 자세를 내가 다 볼 수 없겠거니와 영안선원 내의 승당 신축불사로 인해 그 실상의 일단을 들어 내보이고자 하나이다.

원우(宋 철종시 연호) 육년 겨울 십일월에 내가 지방군역을 지나다가 임천을 잠시 들러 가는 중 영안사의 주승이 늙어 병들어 원적하고 그의 법을 도솔종열의 문도인 요상 화상이 승계했다는 소문을 들었나이다. 요상승이 법상에 올라 법을 설함에 진시의 아들(진종유)이 한번 듣고 마음에 환희감이 일어 법사를 향해 여태까지 이런 좋은 법문을 들어본 적이 없었다고 했다. 이러한 즉 틀림없이 많은 수좌들이 구름떼 마냥 몰려들 텐데 강당이 너무 협소하고 초라하니 어떻게 그들을 다 수용할 수 있으리오 하면서 종유처사가 가재家財 백만 관을 출연하여 뭇 대중들을 위해 강당을 증개축하기로 발원하여 다음 해에 불사가 완공되었으니 강당이 높고 널찍하여 강서일대 제일당이 될 정도였나이다.

요상사了常師가 사람을 보내 나에게 기문을 청하며 말하기를 공
公(무진거사)께서 이 요상 빈도에게 산에 들기를 다그치는 바람에 산
에 들어가 불사를 독려하여 다행히 예정일보다 일찍 준공하게 되었
다고 하외다.

　　내가(무진거사) 요상 화상을 보고 북을 쳐서 대중을 집결시켜 내
뜻을 알리되 여러 비구들이여, 이 승당이 이제 완공되었으니 앉고 눕
고 경행함에 여러 비구들에게 적합하리니 여러 비구들은 여기서 부
처님같이 오른쪽 옆구리를 바닥에 대고 누워 전도된 망상을 홀연히
여의면 백장대사가 곧 수좌이고, 수자가 곧 백장대사가 될 터이니라.
만약 그렇지 못하고 몽롱한 의식으로 잠만 자게 되면 독사가 마음속
깊이 잠복하리라. 그리하여 결국 마음이 캄캄해져 지혜가 없어 백주
에 흑암지옥에 떨어지리라.

　　사문들이 이 강당에서 가부좌한 채 편히 앉아 선정에 깊이 들면
공생(수보리)이 바로 사문이요, 사문이 곧 공생이리라. 그렇게 하지 못
하면 원숭이가 우리에서 밖으로 나와 풀명자 열매와 밤톨을 바라봄
과 같아 잡생각으로 마음이 한없이 어지러워진 나머지 앉은 자리에
서 바로 축생이 되리라.

　　수자가 이 강당에서 경서를 펼쳐놓고 독송하며 성인의 뜻을 완
미하고 점계漸階에서 돈계頓階로 접어들며 돈계에서 원만한 경지로
나아가게 되면 삼장이 바로 너요, 너가 곧 삼장이 되리라. 그렇지 못
하면 봄날에 짐승들이 낮에는 울고, 가을날에 벌레들이 밤에 우는 것
과 같이 각종 자연현상처럼 아무런 의미가 없으리라.

사문들이 강당에서 고인들의 말씀을 읽어 한번보고 천을 깨달은 연후에 저 티끌세속으로 들어가 걸림 없이 교화할 수 있다면 과거의 모든 조사승이 바로 사문이요, 사문이 곧 조사 격이 되도다.

그렇지 못하면 개가 마른 뼈다귀를 물어뜯고 소리개가 썩은 쥐를 쪼는 것 같아 아무리 입심 좋게 지껄여도 참지 못할 기아심飢餓心만 자꾸 늘어나도다. 이런 까닭으로 하는 말은 추하지 않으면 깨끗함이라 쭉 벌려놓으면 인과가 되고 판단은 감성이 아니면 이성으로 하며 느낌은 고통이 아니면 즐거움이니 이렇게 하여(정情놀이에 불과한 의식활동) 육도를 유전하다가 때론 지옥으로 침몰되기도 하여 한 없는 세월동안 거듭하리라.

그렇다면 이 강당불사 시주를 한 처사는 손해도 있고 더불어 이익도 있을 것이요, 이 강당 안에 머무는 자도 이익도 있고 손해도 있으리니 여러 비구들은 의당 헤아려야 하리라.

수자들은 비로자나불의 육계肉髻를 잘라버릴 수 있어야 하고 관음보살의 팔을 베며 문수보살의 눈동자를 뽑아내고 보현보살의 허벅지를 절단하며 유마처사의 거실을 부숴버리고 가섭의 전법의를 불살라 버릴 수 있어야 하도다.

이만한 법력을 갖춘 수자라면 황금으로 기와를 이고 백은으로 벽을 치더라도 능히 감당해 살 수 있겠지만 하물며 이런 강당하나에 있어서랴.

스스로를 잘 경계하며 부지런히 잘 정진하시라. 나의 말은 헛되지 않도다. 요상 화상이 종열 노숙에게 나아가 십여 년이나 곁에서

의심을 묻곤 하면서 정진한 결과 불도를 남김없이 터득했더니 아마
도 이런 경계는 고덕들이 익히 말한 바로 금강왕 보검이리라.(※무애
자재모)

원우 칠년 십이월 십일. 남강 적오관에서
눈오는 밤 화로를 끼고 앉아 이 기문記文을 쓰다.

4. 홍주 보봉선원 선불당기

(선방 신축문) 승상 장상영 지음

송나라 숭녕(연호), 천자 휘종이 마조대사의 탑호를 자응慈應으로 내리시고 시호를 조인祖印이라 하시어 해마다 한 사람을 득도시켜 그로 하여금 탑을 받들게 하셨다.

산에 거주하는 늙은 복심승이 탑에 달린 조사전祖師殿 뒤편에 천서각(왕, 詔書 보관소)을 짓고, 그것에 연이어 승당을 지어 선불당이라고 명명하였다. 그의 제자가 나에게 와서 기문을 청하기에 내가 굳이 사양해도 청하는 뜻이 확고부동 했다.

내가 사문들에게 말하나니 고인들이 선불이다, 급제라고 한 것은 다만 이름만 붙여 말한 것에 지나지 않도다. 그대가 집에 이름을

붙이고 내가 그에 따른 기문을 씀이 오히려 좋지 않겠는가? 그대의
성의를 가상히 여겨 내 이제 감히 여기 기문을 써서 보내노라.

　대저 선選이란 선택을 말함이니 거기엔 버리고 취함이 있고 또한
우열이 있기 마련이로다. 그래서 과거를 시행하여 인재를 채용하기
도 하나니 이는 선왕들이 세인을 격려하고 우둔자를 연마시키기 위
한 한 방편에 지나지 않나니 부처를 뽑는 것과 다르도다.

　부처님으로 하여금 자격자를 뽑게 함인데 육근으로 뽑으실 것인
가, 육진으로 아니면 육식으로 뽑을 것인가? 이런 삼육三六으로 뽑으
신다면 일체 범부가 부처가 아님이 없고 이런 십육을 제거하면 무량
불법을 누가 닦고 누가 증득하리오.

　사제육도四諦六道와 칠각지, 팔정도, 구정九定(선을 구종으로 나눈
것), 십무외 내지 십팔불공법과 삼십칠조도품을 취할 것인가? 이것들
을 취하면 성불할 방법이 있고 사제육도 내지 삼십칠 조도품들을 버
리면 부처가 될 방도가 없도다.

　버리고 취함, 방도가 있고 없음이 까마득하여 가는 실낱 하나가
마음속에 남아있는 것과 같고 홀연히 티끌 하나가 가슴 속으로 날아
드는 것과 같도다. 이러한 사리는 장경 속에 다 기재되어 있나니 이를
일러 이장二障(번뇌장, 소지장)이라 하고 사병四病(作病, 任病, 止病, 滅病)
이라 하며 혹 불요의라 하고, 혹 희론, 편계사견, 미세유주라고도 하
니 집착해 취해도 부처가 아니고 버려도 부처가 아니며 버리지도 취
하지 않아도 부처가 아니니 불과佛果를 어떻게 감히 성취할 수 있으
리오.

일반적으로 말해서 강사의 논지는 상종相宗에 속하고 제대조사들의 지론은 선종이니 무릇 나를 뽑는 자는 마음이 공할 뿐이도다.

제자가 강당을 짓고 나서 법을 물으면 종사가 턱하니 그 가운데 좌정하여 답법을 하되 혹 현요玄要(현묘한 종요)로서 내보이고 혹 요간料揀(각 관점에서 논구함)으로 내보이며 법경삼매(불법 자유자재 활용)로서 내보이고 혹 도안인연道眼因緣(법안 주준 따른 濟提)으로서 내보이며 혹간 향상 일로로 내보이고 혹 말후일구로서 내보이기도 하고 혹간 당두방할當頭棒喝(머리를 향해 때리며 고함지름)로써도 내보이시고 혹 평실(일상적 언행)로서 내보이며 혹간 눈썹을 치켜뜨거나 눈을 깜박거려 내보이시고 혹 불자拂子를 쳐들거나 법상을 치면서 내보이며 혹, 원상을 그리고 혹 한 획을 그으며 혹 손뼉을 치고 혹 춤을 추는 등의 방법으로서 하나니 이러한 종사의 기연에 계합하는 자는 당자의 마음이 공함을 알게 되니 그 마음이 공하면 바로 불과를 능히 성취하리라.

내가 말하고 싶은 것은 세존께서 꽃을 손으로 드시자 가섭이 미소로서 응대했으니 정법안장은 이와 같을 뿐인데 후세종사들의 가르침의 방편들이 어찌 그리 어지러울 정도로 많아졌는지? 이에서 불교가 중도에서 쇠퇴해 버리지나 않을까 그저 저어되도다.

복심승은 하동출신이라 거친 밥을 즐겨먹으며 온갖 고통을 감내하면서 오랫동안 진정극문眞淨克文 큰 스님을 가까이 따르며 탁마하여 드디어 불도에서 홀로 우뚝 서게 되었으니 능히 교화를 펼칠 수 있었도다. 불교는 고행으로 그 몸을 지탱하며 고요한 가운데 마음의 번뇌 망상을 다스려야 하니라.

계정戒定의 은밀한 수행은 귀신조차 엿볼 수 없으며 자비의 묘한 실천은 출세간이 다 함께 우러러 보도다. 일에 마주쳐서 아주 절박한 연후에야 대응한다면 살아남기 어려우며 어쩔 수 없어 부득이 하지 않을 수 없었다고 말한다면 육취六聚(犯戒六種輕重 정도 곧 계율)가 그 효력이 없으리라.

사람은 누구나 다 생사를 두려워하나 나는 일찍이 생한 적이 없으니 어찌 죽음이 있으며 나아가서 어찌 그에 대한 두려움이 있으리오.

이해利害의 경우 사람이면 다 선택하나니 나는 일찍이 이로움에 대한 생각이 없으니 어찌 해로움이 있으며 나아가 어찌 선택코자 하는 마음이 있겠소?

대저, 이와 같은 상태라면 밖이 공하지 않아도 속이 절로 공하고 경계가 공하지 않아도 마음이 절로 공하며 모든 일이 공하지 않아도 이로움이 절로 공하고, 상相이 공하지 않아도 성性이 절로 공해지며 공을 능동적으로 배우지 않아도 공空이 절로 공해지도다. 공하면 평등하고 평등하면 크며, 크면 원만하고 원만하면 묘하며 묘하면 구경의 부처가 되도다.

아! 내가 이로써 그대들에게 바라노니 그대들은 늘 시간을 헛되이 보내지 말지어다.

5. 수주 대홍산 영봉사 시방 선원기

　원우(宋 철종시 연호)이년 구월 수주 대홍산 영봉사에 조직詔勅을 내려 율원을 고쳐 선원으로 하고 소성(宋 철종시, 연호) 원년에 외대外 臺에서 낙양 소림사 장노인 보은승을 그곳 영봉사로 전주시켜 주지로 삼았도다. 숭녕(宋, 휘종 년호) 개원 정월에 보은승에게 사람을 보내와 시방 선원기를 청했나니라.

　청에 의해 기문을 찬撰하매 대홍산이 수주 서남에 있으니 둘레 가 백여 리가 되도다. 산 정상에서 내려다보면 동한의 여러 제후국들 의 울창한 산등성이와 고개 마루들이 마치 평지의 개천과 같았다. 당 시 노인들과 지기知己들로부터 들은 바에 의하여 고구考究컨대 대홍산(文洪山)의 홍洪자를 호胡로, 또는 호湖로도 써서 어느 글자가 맞는지 자세하지 않음이라. 전해오는 말에 빙 둘러싼 산 가운데에 큰 호수가 있어 거기에 옛날 신비한 용이 살고 있었느니라. 그 호수에 크나큰 파도가 일어 물이 사방으로 흘러 넘쳐 호수의 끝자락을 예측할 수 없었느니라. 그 후에 두 마리의 용이 격렬하게 싸운 결과 높은 암벽이 쩍 열려 호수의 물은 남쪽으로 흘러갔다하니라. 그래서 지금 산을 등지고 있는 마을을 이름하여 낙호관落湖管이라 하는데 이는 대홍大洪에서 유래되었도다.

당 원화(헌종시 연호)시에 홍주 개원사 승 선신은 바로 이 대홍사의 자인대사이니라. 스승(師)은 마조대사로부터 불교의 핵심을 전수받고 북으로 오대산을 유행하여 문수보살을 참예하고 주위를 둘러보니 경관이 뛰어나 자기가 문수보살과 인연이 있는 걸로 여겨 스스로 기뻐하였다. 대중을 위해 삼년 간 공양주 소임을 하면서 살고자 영봉사에 방부를 들려 해도 대중이 받아주지 않아 눈물을 흘리며 슬피 탄식했다. 그때 한 늙은이가 말했다. 스승의 인연은 여기에 있지 않으니 나아가고 나아가서 수隨자로 시작하는 마을을 만나면 잠시 투숙하고 호湖자가 든 마을을 만나면 머물러 사시오. 그 말을 듣고 스승은 남을 향해 나아감에 보력 이년 가을 칠월에 수주에 이르러 한 곳에서 높은 산을 멀리 바라보며 저 산이 무슨 산이냐고 마을사람에게 물었다. 향인鄕人은 대호산이라고 대답했다. 스승은 전 촌로의 말과 일치함을 알고 산을 찾아 산기슭을 헤매 다니다가 드디어 한 호수가에 이르니 때마침 그 해에 가뭄이 몹시 들어 그 마을 사람 장무릉이가 주장이 되어 양과 돼지를 잡아 호수의 용에게 기우제를 지내려고 했다. 스승은 그것을 보고 마음 아파하면서 동향인同鄕人인 무릉을 보며 말했다. 장마와 가뭄이 때를 맞추지 못함은 본디 사람의 마음속에 악업이 깊이 쌓였기 때문이거늘, 어찌 살생을 더하여 죄업을 증장시키려고 하시오? 모두들 살생하지 말고 잠시 삼일만 기다려 보시오. 내가 그대들을 위해 기도하리다. 동향인 무릉도 또한 보통 내기가 아니라 스승의 말을 듣고 삼가 믿어보기로 했다. 스승은 산속으로 거친 덤불을 헤집고 돌과 바위를 더듬어 헤매다가 드디어 산의 북쪽 방향에서 바위굴을 발견하고 그 속에서 조용히 앉아 정성을 다해 마음으로 기도했다. 그러는 중 하루는 천지를 뒤흔드는 우뢰소리와 함께 장대비가 퍼붓기 시작했다. 비가 갠 후 며칠 지나 무릉 향인이 스승의 자취를 찾아나서 비로소 바위굴에서 스승이 온 얼굴이 거미줄에 덮인 채 삼매에 든 모습을 발견함이라. 가까이 가서 스승의 귀에다 소리를 치며 몸을 꾹꾹 찌르니 그때서야 정定에서 깨어나니라. 그로인해 동향인인 무릉이가 그 산을 보시하여 스승을 위해 큰 절을 짓고 두 아들로 하여금 스승의 곁에서 시봉을 들게 하였더니 배우겠단 무리들이 구름같이 모여들어 드디어 불법 수행처가 되었도다.

태화(연호) 원년 오월 이십구일에 스승이 용신에게 은밀히 말했다. 내가 전에 내 심력으로 희생물犧牲物을 대신해 너의 살생을 그치게 한 적이 있는데 내 이제 몸을 버려 너에게 주노니 너는 내 신육을 온전히 받아 먹으라하고 곧장 날카로운 칼을 뽑아 왼쪽 무릎을 도려내고 곧이어 오른쪽 무릎을 도려내니 문인들이 놀라 달려들어 말리는 바람에 자인사는 자기의 무릎을 끝까지 절단하지 못했다. 순간 찢긴 양 무릎에서 젖빛 흰 액이 흘러나오면서 엄숙히 열반에 드니 동향인 장씨의 두 아들은 보고서 선 채로 바로 운명을 달리했다.

관내 책임 벼슬아치가 그런 진상을 주상에게 아뢰니 당 문종이 그를 가상히 여겨 그의 거처에 친히 유제선원이라 쓴 편액扁額을 내렸도다. 진나라 천복(연호) 중에 그곳을 기봉사로 고치고 또한 송 신종 원풍(연호) 원년에 다시 영봉사로 개칭하니 모두가 기도하여 영검을 얻었도다.

입멸한 이래 우금 삼백여 년에 이르기까지 한수, 광주, 여하, 분하 지역의 십 수주 주민들이 엄숙하게 제사를 받들어 모심이 흡사히도 약속장소로 가는 듯 했으며 돈, 비단과 쌀을 진 사람들이 영봉사로 가는 길에 꼬리에 꼬리를 물었도다.

물物이 강해지면 법이 약해지기 마련이라. 그래서 승력의 법규를 드디어 바로 잡았다. 이에 앞서 산봉우리가 높고 험하여 당전누각堂殿樓閣들이 산세에 의지해 지어져 도무지 앞뒤 전후에 조화가 없었도다. 은 노사恩老師가 영봉사에 와 지세를 자세히 보고서 남쪽으로 길을 내 사람들을 그쪽으로 들게 하니 객과 주인의 위치가 분명해지고 벼랑을 뚫고 냇가를 메우며 높은 지대는 깎아내고 섬돌을 보강하니 천길만길 높고 험한 산세가 변하여 주위가 웬만큼 평평하게 되었도다.

당전누각들의 처마가 먹줄 마냥 허공 속으로 쭉쭉 뻗었으며 시원한 낭하와 곁채들의 문들이 트여 사방으로 막힘이 없었도다.

이렇게 수승한 도량에 수자들이 구름같이 몰려들어 총림이 되었으니 보현보살 주처인 아미산의 보등寶燈의 서상瑞相과 문수보살 주처인 청량산(오대산의 일부)에서 나는 금으로 만든 가마와 보살의 후광 같은 형세에다 여타지방의 훌륭한 경관이 한데 어울려 있는 듯 했다.

게다가 낡은 것은 버리고 새로운 것을 진작시킴에 율원의 무리들이 옛날을 그리워하며 떠들썩하게 불만을 토로하기도 했나니 그럴 즈음 때마침 내가(승상 장상영) 좌천되어 그 지방의 군수로 부임하였도다.

선율이란 말을 잠시 접어두고 일단 그것을 증명키로 하되 율은 갑을로 하고 선은 시방으로 가정하리라. 사람들이 일반적으로 갑을이라고 말할 때 갑은 어디에서 오며 을은 어디에서 나타나는가? 나는 자인화상의 자손이라고 말하나 시방(禪)의 관점에서 사람을 논하면 자인승은 후사後嗣가 없으니 을(일반인)을 자손이라 하면 갑은 자인 승이고, 을을 자인 승이라고 하면 갑은 마조대사가 되며 을이 마조대사라 하면 갑은 남악사가 되고 을을 남악사로 하면 갑은 조계(육조혜능)라고 할 수 있도다. 이로써 자꾸 위로 거슬러 올라가면 갑을이 바로 보리달마와 서건(인도) 사칠(이십팔전법 조사)로 귀납되나니 진정 그 이상의 갑을의 순서는 어디에 있겠는가?

또한 이른바 시방이라고 하는 것도 십十은 어디서 생겼으며 방方은 어디서 비롯되었는가?

세간법으로는 일에서 이가 생기고 일, 이에서 삼이 되며 이 삼에서 육이 되고 삼삼에서 구가 되나니 구는 구경이라 다시 반복해 일이 되어 일구가 합쳐 십이 되어 마침내 십의 뜻이 성립되도다. 정작 돌연이 일이 없이 십이 있는 게 아니도다.

이른바 방위란 것도 위가 방이오? 아래가 방이오? 동만 방이오? 서만 방이오? 남만 방이오? 북만 방이오? 위로만 방향으로 삼으면 모든 하늘나라 사람들이 사는 곳이라. 너의 경계가 아니요, 아래로써 방으로 삼으면 풍륜이 지탱하는 곳이라 네가 거기에 머물 수가 없고 동으로 방을 삼는다면 수미사주의 하나인 비제하인이 되어 얼굴모습이 반달 같을 것이고, 북으로써 방을 삼으면 울단월인이 되어 수명이 장구하며, 서로써 방을 삼으면 구야니주에 푸른 파도가 일어 넓고 아득할 것이고, 남으로써 방을 삼으면 염부제주에서 각지의 기후풍토에 의해 코끼리와 말들이 나라마다 다르리라.

이에서 갑을은 일정함이 없고 시방 또한 의지할 근거가 없다. 따라서 율이다, 선이다, 다툰들 어느 것이 옳고 어느 것이 그르다 하리오.

율의 무리들이 말했다. 세존께서 늘 기수급고독원과 죽림정사에 계시면서 율법을 주관하셨던 바 이는 태수께서도 말한 바 있는데 그렇다면 세존이 잘못했단 말이오? 이에 대해 내가 대답했다. 대원각으로서 나의 가람으로 삼아 신심이 평등성지에 편히 머문다는 말을 그대는 어찌 듣지 못했는가. 이는 나의 말이 아니라 바로 부처님께서 하신 말씀이도다. 이로써 율의 무리들은 아무 말 없이 조용히 자리를 떠났느니라.

선객禪客은 방외方外(세상 밖)의 사람으로서 정병淨瓶과 바루 하나로 세상을 다니며 더 이상 구할 것 없이 마치 새가 하늘을 날다 가지를 만나면 쉬고 거북이가 바다를 유영하다가 부목浮木을 만나면 잠시 의지해 쉬는 것과 같도다.

온다는 것은 모아놓은 나뭇가지와 같고(곧 잠시 인연이 얽혀 있는) 간다는 것은 물거품이 사라지는 것과 같도다. 그대들은 갑을(律人)인을 바라는지 시방(선인)인을 바라는지 알 수 없도다.

나는 말하도다. 좋고 좋구나. 불자여!

불성은 내외에 있지 않고 중간에도 있지 않으며 사유四維 상하 허공에도 있지 않나니 응당 머무는 바 없이 머문다면 이게 바로 시방에 참된 머무름이 되도다. 이 이상 더 오히려 무슨 말을 하며 무슨 말을 더하리오.

승녕 원년 정월 십오일, 본 기문을 쓰다.

6. 양주 석문사 승당기

송 대제(벼슬명) 사도. 지음

건명사는 고을에서 백 여리나 떨어져 있으며 옛날엔 석문사라 했는데 왕의 칙명에 의해 사명을 바꾸게 되었다. 높은 산 험한 계곡엔 호랑이와 표범 등 맹수들이 어슬렁거렸으며 험악한 돌산에 실낱같이 길이 나 있고 민가民家와는 아주 멀리 떨어져 있어, 도에 뜻을 두지 않으면 이와 같은 지형에 마음 붙여 살 수 없느니라. 벼슬아치들은 그 마음이 명리에 사로잡혀 있어 비록 지형이 수승하다고 하나 그런 곳을 찾아드는 이가 드물기 마련이도다.

대제(唐시, 벼슬명) 사도가 그 군을 맡아 다스리는 중에 한 선사를 알게 되었는데 법호가 수영守榮이라. 옹희(송 태종 연호) 삼년부터 많은 제자들이 그의 처소로 줄을 이어 찾아 들었도다.

후에 선방이 비좁고 퇴락하여 다시 해체 중건키로 발원하고 마을을 돌아다니면서 시주를 구하기 여러 해가 지나자 드디어 뛰어난 목수를 불러 좋은 재목을 사서 불사를 시작해 경덕(진종 연호) 삼년에 이르러 낙성을 보게 되었도다.

크기가 모두 다섯 칸에 열한 도리였다.

봄에 학승인 혜과가 석장을 짚고 군읍에 와서 나에게(대제 사도) 기문을 받아 돌아가 새기고자하거늘 그 글에다 다음과 같이 썼도다.

불법을 널리 펴고자 달마조사가 서축에서 온 이래 신근信根을 갖춘 자들이 불법대의를 증득코자 밤이 되어도 광야에 머묾에 초목으로 몸을 가려 추위도 제대로 막지 못하고 밥조차 배불리 먹지 못했다.

세월따라 정법이 점차로 쇠퇴함에 인법人法이 게으르고 문란할새 백장선사가 당우를 새로 지어 노승과 병승들을 편히 머물게 한 이래로 크고 훌륭한 사원을 다투어 지었도다.

나이어린 초심자들은 그런 승당에서 앉고 누우면서 화주의 노고와 단월(시주자)의 뼈져린 참회(참회를 위한 시주, 공양물)와 구복심球福心을 전연 알지 못하니라.

인과를 바로 밝히는 자는 훌륭한 승당에서의 기거를 딱딱한 철침상에 누운 것같이 여길 것이며, 밤낮없이 원적寃敵을 마주 대하는 양 해야 하느니라.

빈틈없이 성태聖胎를 키우며 선지식을 가까이 하는 자는 마음속으로 해탈을 구하다가 잠시 일탈할지라도 용신龍神이 있어 용서하고 수호하리라. 아니면 마음이 온통 번뇌에 휩싸여 몸의 따뜻함과 배부름만 구하고 무명을 살피지 않으며 자기 생명이 자꾸 단축되는 것도 모르고 오로지 말만 외워 스스로 구경의 도를 어긴다면 자기일생이 다 되어 이승을 떠날 때 악취惡趣에 떨어지리라.

장부로써 용맹정진勇猛精進하여 어서 부동지不動地(외래 유혹에 좌우되지 않는 상태)를 증득할지어다.

수영공은 봉산 괵읍에서 출생하여 옹주 호현 백운산 정거선원으로 출가하다.

대중 상부(진종시 연호) 이년 사월 팔일. 쓰다.

7. 포선산 혜공 선원 윤장기

(돌림서가) 무위거사 양걸 지음

법계엔 본래 중생이 없건만 중생은 망견을 따르고 여래는 원래 언교言敎가 없건만 언교는 유정물을 위한 것이니 망견은 결국 중생의 병이요, 언교는 중생에 대한 여래의 약이니라. 약으로써 병을 다스리면 치료할 수 없는 병은 없고 언교로써 망견을 깨치면 깨닫지 못할 망견이 없도다. 그래서 여래께서 어쩔 수 없이 말씀한 것이며 현지자賢智者가 하는 수 없이 말함이도다.

아난다 존자가 방만한 부처님의 말씀을 모아 경장을 만들었고 우바리 존자가 한결같이 정리하여 율장을 만들었으며 제대보살들은 경율에 걸쳐 난해한 곳을 부연 설법하여 논장을 만들었으니 비록 경율 론 삼장으로 나뉘어졌으나 계정혜는 일심을 근본으로 삼으니 삼장으로 갈무리하여 널리 포용하고 있으나 마음은 어디에도 걸림이 없다.

그러므로 석존께서 중생을 접화接化함에 상대자의 근기에 따라 권교權敎(방편교)를 펴서 차츰 실교實敎(근본 교의)로 나아가게 하셨도다. 언교를 취집聚集하여 삼장으로 만들고 보장寶藏(삼장)을 실어 나르기 위해 수레바퀴를 만들었으니 교가 바퀴에 의지하면 그것을 유포함에 걸림이 없나니 바퀴로써 교를 나타낸다면 바퀴처럼 빙빙 돌고 돌아 끝남이 없으리라. 결국 불교를 배우는 자로 하여금 불리佛理를 깨달아 자유자재로 임기응변 케하고 그 윤장輪藏을 보는 이는 끝내 마음이 불도에서 물러나지 않게 되리라. 그런 연후라야 마음의 근본바탕인 불성의 바다에서 유유자적하게 되어 다겁생래의 번뇌 망상에서 해탈하게 되면 한 물건도 법륜(교법)을 굴리지 않음이 없고 하잘 것 없는 미물일지라도 극락세계로 들지 않음이 없도다. 아무튼 깊은 지혜를 갖추지 못하고서 그 누가 이와 같은 경지에 머물 수 있으리오.

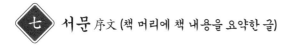

1. 남곡 신법사 자경록 서

나는 아홉 살에 출가하여 지금에 이르러 육십여 년의 세월이 흘렀도다. 때론 처마 밑 낭하廊下를 거니는가 하면 온갖 꽃으로 향기로운 뜨락을 완상하며 거니니 온 몸이 편안하고 가뿐하여 유유자적하기 그지없도다.

날이 채 밝기도 전에 열 가지 이로운 점을 갖춘 정갈한 공양물이 이미 진설되어 있고 정오쯤이면 삼덕三德(청정, 여법, 유연)을 구비한 맛있는 음식을 취하면서도 파종하고 수확하는 괴로움, 음식을 요리하는 노고를 알지 못한 채 육척의 이 몸을 기르고 백여 년의 수명을 누리는 것은 누구의 덕택인고? 바로 그것은 나의 본사本師인 부처님의 후생에 대한 아낌없는 가호 덕분이니라.

내가 지금 대략 오십여 년에 걸쳐 받아쓴 것을 대충 계산해 보면 아침, 점심에 먹고 마신 것만도 대략 삼백여 석이 되고 추울 때나 더울 때 받아 쓴 옷과 약이 어림잡아 이십여 만 전錢이 되며 높은 대문에 덩그렇고 으리으리한 집체, 깔끔한 섬돌과 단청한 기둥, 덮개 있는 화려한 마차와 그에 따르는 하인배, 책상과 평상, 그에 맞는 각종 덮자리(이불) 류에 든 비용을 셈한다면 한이 없으리라. 게다가 또한 무명의 소치로 사견이 마구 생겨 불법행위로 물품을 마구 함부로 사용하고 때 아닌 때에 먹고 마시며 소비한 비용은 부지기수이니라. 이는 모두 다른 사람의 힘에서 나와 나의 사용에 공해졌느니라. 저 눈코 뜰 새 없이 바빠하는 마을의 동갑내기 사람들과 그 고락을 어찌 다 비교할 수 있으리오.

대자大慈(부처님)의 가르침이 지극하고 대비大悲의 힘이 깊고 깊음을 반드시 알아야 하느니라. 하물며 열 가지 명호名號를 가진 부처님이 나를 자식으로 삼아 덮어 기르시고 팔부천룡이 나를 스승으로 삼아 받들어 모심에 있어서랴.

황제나 군왕의 신분이 비록 귀하나 사문인 나는 신하의 예를 행하지 않으니 진정한 귀함을 알 것이며 존친이 비록 중하나 자식 된 도리로써 우러러 받들지 않으니 정작 그 존엄을 가히 알지니라.

많고 많은 각계각층의 중생과 광활한 세상에서 누구네 집이 나의 창고가 아니며, 어떤 사람이 나의 아들딸이 아니리오. 그런 까닭으로 바루를 들고 집을 찾아들라치면 꽉 봉해 놓은 맛있는 음식을 아낌없이 척 열어 공양 올리기도 하고 석장錫杖을 짚고 길거리에 나서면 교만을 피우던 사람들이 갑자기 엄숙하고 두려워하는 자세를 취하도다.

옛 사람들은 배고플 때 얻어먹은 한 끼의 밥도 그 은혜를 갚았고 한 마디 진리의 말씀을 듣기 위해 몸을 내던졌다하거늘 황차 머리끝에서 발끝까지 온통 여래께서 보살펴 길러주시고, 나서 죽을 때까지 다 부처님이 비호庇護함에 있어서랴. 지난날에 내가 불법을 만나지 못하고 출가의 기연機緣을 얻지 못했다면 새벽부터 저녁까지 이슬과 서리를 맞아가며 밭에서 부지런히 일해야 하고 복잡다단한 세상사로 내달리며 잡다한 근심걱정으로 시달렸을 텐데.

헤진 홋 옷과 때 묻은 홋 옷으로도 충분히 몸을 가리지 못하고 콩나물밥이라도 충분히 배불리 먹지 못했을 텐데 누구 덕에 높고 큰 대청마루에 서서 주위를 휘둘러보며 또한 조용한 정원을 주장자를 짚고 느긋하게 거닐면서 도반과 더불어 세속을 떠난 고상한 말을 나누며 누구 덕에 옷깃을 풀어헤친 채 한담을 하며 때에 따라 춥고 더움을 피하거나 달고 쓴 것을 가리는고, 또한 누구 덕에 동자승을 호통쳐서 시봉을 촉구하며 고삐 풀린 심마心馬가 주위사람들을 해치도록 내버려두고 그리고 잠시도 있질 못하는 심원心猿이 웬만한 사수射手의 활솜씨를 우습게 여겨 나무를 붙잡고 한껏 교만해하는 것처럼 이 마음을 그냥 그대로 내맡겨 둘 수 있으리오.

실은 삼장三障(혹장惑障, 업장業障, 보장報障)이 구름처럼 피어오르고 십종번뇌(망혹妄惑, 무참無慙, 무괴無愧, 질투嫉妬, 간탐慳貪, 회悔, 면眠, 도거掉擧,

혼침惛沉, 분복念覆)가 순수한 마음바탕을 칭칭 얽어 메며 색욕으로 늘 마음이 산란하고 어리석어 넋이 빠진 정신 상태에서 항상 근심걱정이 떠나지 않느니라. 때때로 스스로 후회하고 꾸짖어보지만 작심삼일로 끝나기 십상이고 자기 언행에 슬퍼하고 한탄해 봐도 며칠만 지나면 여전히 그 모양 그 꼴이로다.

때론 법당에 올라가 예불을 드릴 때 부처님 뵙기가 부끄러워지며 경서를 펴고 읽어봄에 성인의 가르침을 대하기가 괴로워 눈물이 절로 나기도 하도다.

한때 헤진 옷과 거친 음식을 감수하며 아주 곤고한 상태 하에서도 자신을 잘 다스려 재물을 버리고 친우들을 멀리 여의어 가난과 고독을 참아가며 산 같은 아만을 버리면서 치성한 욕망의 불을 끄고 수행되지 못한 추악한 말씨와 답지 못한 누추한 행색을 버린다 해도 내 생애 이미 쌓인 업에 따라 가마솥에 삶기는 지독한 과보를 면할 수 없나니 이 어찌 통쾌하지 않으며 이 어찌 통쾌무지하지 않은가.

그래서 상참보살과 상제보살은 한시 빨리 불도를 성취하지 못해 늘 슬피 울며 괴로워해도 당장에 구원받질 못했도다. 하지만 허공장보살과 지장보살은 중생에게 가까이 가 늘 아낌없이 구제하시도다.

내가 또한 계속해서 자신에게서 찾으며 몸을 되돌려 스스로를 더듬어보니 이목구비 등 모습은 일반인과 비교해 조금도 다름이 없거니와 마음을 깨치고 정신을 명징하게 하는 것은 저 뛰어난 조사에 미치지 못하니라. 그러한데도 내가 전생에 무슨 복을 쌓았길래 중국에 태어났으며 무슨 선을 행했기에 기꺼이 출가하게 되었으며 무슨 죄를 지었길래 이 생에서 지계持戒를 쉬이 어기며 무슨 허물이 그리도 많기에 이렇게 성격이 억세어 자심自心을 제도하기 어려울까?

해가 기울도록 여러 가지 생각에 골몰하여 한밤중까지 우두커니 앉아 탄식하대 자신을 구제할 방도를 알지 못하고 미망의 자신을 확 바꿀 묘술을 알지 못해 하니라.

하지만 어릴 때 간간이 엄친의 가르침을 받아 일찍이 불교를 접하게 되었고 또한 자주 장자長者(덕 높은 이)들이 하신 좋은 말씀을 읽기도 했으며 게다가 이름 높은 큰스님을 찾아가 높은 법문을 듣곤 했느니라. 매사를 세 번이나 먼저 생각하고서 행하는 사람이라도 자기 성격의 완급을 고치기 위해 항상 몸에 가죽 끈과 활시위를 휴대하여 자기 경계를 게을리 하지 않으며 험하고 꼬불꼬불한 비탈길에 임해 효를 중시하는 자는 신체발부身體髮膚는 부모로부터 받은 걸로 생각해 다치지 않게 전진前進을 포기하는 것과 충忠을 중요시하는 자는 그런 것을 무시하고 군마를 주저없이 내달려 나가니 각자가 나름대로 잠언箴言과 명문銘文을 참작해 표준으로 삼기 마련이도다.

그런 까닭으로 여러 세대에 걸친 사실을 상세히 탐구하고 많은 문헌들을 열람하면서 같은 길을 가고 있는 사람 중에서 아주 뒤떨어진 이들의 어려움도 들어보고 갈길 몰라 헤매는 우치한 이들을 찾아보도다.

일반 중생들은 성언聖言을 무시하며 과보를 가벼이 보고 무법을 멋대로 행하고도 부끄러워하지도 않으며 고집스럽게 자유 분망히 처신하면서 전혀 자신을 잡도리하지 않도다. 그래서 나쁜 일은 징계하고 좋은 것은 권장하고자 사례를 한데 모아 바로 십과十科로 간추려 세 개의 권축卷軸(두루마기)에 써서 행도자로 하여금 조석으로 열람케 하여 만일의 일에 대비하고자 함이라.(곧 자경록을 말함)

　옛날 한 황후가 황제즉위와 동시에 황후로 책봉되지 못한 것에 대한 투기로 갑자기 우물에 빠져 독용이 되었다거나, 한 비구가 불같이 치솟는 화를 못 참은 나머지 산 채로 뱀 몸이 되었다거나, 소가 눈물을 흘리면서 언덕길을 올랐다거나, 낙타가 부르짖으며 사원을 맴돌았다거나, 혹은 곤장과 회초리로 계속 때려 온 몸이 불붙은 듯 빨개졌다거나, 혹 창싸움으로 몸에서 피가 흐른다거나, 혹 혓바닥이 녹아 없어지거나 눈썹이 다 떨어졌다거나, 혹 실성하여 미치게 되었다거나, 혹 한 줌의 채소를 훔쳐 먹고 죽은 후 그 집의 머슴이 되었다거나, 혹 한 묶음의 나무다발을 훔친 과보로 사후 환생해 발목을 태우게 되었다거나, 정신을 나무마냥 수양하여 살을 오려내어 시주의 은혜에 보답하는가하면 사람을 비방한 과보로 죽어 지옥에 떨어져 뼈가 으스러지도록 벌을 받았다고 하는 사례들을 채록함이라.

　지난날엔 보지 못했으나 지금은 볼 수 있으며 옛날엔 알지 못했으나 지금에야 비로소 알게 됨이라. 지난 일을 두고 대성통곡해도 거슬러 올라가 어찌할 수 없도다. 간담이 갈갈이 찢어질 정도로 슬퍼해도 함께 어찌할 수 없나니 이러한 때를 당해서 부모님이 백 개라도 대신할 수 없고 친인척들이 각방으로 내달려도 구제할 방도가 없으며 재물이 산더미처럼 쌓여 있다고 해도 아무 소용이 없고 곁에서 아무리 위로한들 무슨 도움이 되리오.

지난날의 즐거움과 아름다운 노래 소리는 무엇을 위해 있었으며 지난날의 친구와 가족은 무엇을 위해 의지했던고?

슬프도다! 아침나절에 자식을 훌륭한 품덕을 갖춘 사람으로 가르치기 위해 넓은 대청마루로 불렀는데 저녁이 되자 뜻밖에 운명을 달리해 어머니가 깊은 방에서 절통해 하는 일이 있기도 하니 이런 일은 오직 한 사람에게만 국한된 것이 아니도다. 내 자신의 몸을 생각해 봐도 그렇게 될 수 있나니 백년에 걸쳐 한번 정도 당하여도 비통하고 한탄스러워 어찌할 수 없을 터인즉 정말 슬프고도 두려운 일이 아닐 수 없도다.

그래서 그 자초지종을 책으로 엮었으니 좌우에 비치해두거나 감명 깊은 한 두 글귀를 의복의 큰 띠에 써가지고 다니면서 애써 경계로 삼아 소기의 뜻한 바를 달성하기 바라도다.

저 명현名賢들의 바른 훈계와 철인들의 뛰어난 발자취, 불도의 성쇠, 그리고 세상사의 선악 사례를 책으로 엮어서 많은 사람들이 알아보게 했도다.

고인이 이르길 백년도 못되어 만물의 형상은 사라지나 천년이 되어도 마음만은 남아있다 하니 실로 천년 후에 내 마음의 뜻한 바를 알아봐 주길 간원하도다.

2. 선림묘기전서

경사<수도>-서명사 석현칙, 찬

모든 부처님은 삼신三身을 갖추고 계시니 첫째가 법신法身이라 원통심에서 증득함이요, 둘째는 보신報身이니 온전한 선에서 감득함이요, 셋째는 화신化身이니 인연따라 부처님의 몸을 나툼이라.

지금의 석가모니불은 구원 전에 법신을 증득하셨고 보신을 성취하신지가 오래되었으니 현겁의 출현불은 화신이도다.

현겁의 석존 인행因行 시에 과거불인 석가불소에서 보리심을 발하여 후세에 성불하면 같은 칭호를 바란 나머지 현겁의 부처님도 동일한 명호를 갖게 되었도다. 현겁 화현 부처님은 삼아승지겁 동안 보살행을 닦는 중 매 겁마다 무량한 부처님을 받들어 시봉했으며 그 사이 누차 정광여래를 만나 여래께서 지나시는 진창길을 인행보살(석존의 전신)이 스스로 긴 머리를 풀어헤쳐 길에 깔아 건너시게하고 아름다운 꽃을 바치기도 하여 이윽고 수기(미래 성불예언)을 받을 정도로 무생법인無生法忍을 증득했도다.

이와 같이 모든 만행보살이 장차 부처님이 되기까지는 반드시 백겁토록 상호相好(수행의 결과, 고로 수행을 뜻함)를 닦고 지은 업을 깨끗이 해야 하느니라.

석존 인행시 작심하기로 수행력이 미륵보살보다 뒤진 상태를 극복해 제 먼저 성불코자 그 당시불인 '불사여래'를 만났을 때 칠일칠야 한 쪽 발을 든 채 눈 한번 깜박거리지 않고 일심앙모하며 게송으로 부처님을 찬양한 결과로 마침내 수행기간을 구 겁이나 단축시켜 예정된 미륵보다 먼저 성불하게 되었다고 하니라. 바로 발원이 성취되자 천상의 "도솔천"에 태어나 '보명보살'이라고 이름하시고 그곳에서 천수를 다하자 곧 남섬부주로 하강하심에 우선 흰 코끼리를 탄 모습을 나타내어 모후인 '마야부인'의 오른쪽 옆구리를 통해 드시니 따라서 부인은 꿈에 백상을 잉태하게 되었도다.

바라문 점성가인 '아시타' 성인이 점쳐 이르기를 산모가 일월을 꿈꾸면 국왕감을 출산할 것이고 백상을 꿈꾸면 반드시 성자를 낳을 것이라고 했다. 모후가 이로부터 몸과 마음을 차분히 잘 보살피고 절대 안정을 취하시며 하시는 말씀이 전보다 더 나날이 자비로워졌도다.

고타마 보살이 처음 태어나자마자 온 대지가 진동했고 몸 빛깔은 아주 좋은 금빛이며 삼십이상과 팔십종호를 구족하였고 후광이 일심一尋(약 여덟자)이나 되었도다. 나자마자 사방으로 각각 칠보를 걸으시며 욕계의 마왕과 색계의 범천왕을 굴복시키시고 곧장 진실 된 말씀을 하셨다. "천상천하에 오직 나만이 존귀하도다." 라고

왕후가 왕자를 가슴에 안고 사당에 들자 천신들이 모두 앉은 자리에서 벌떡 일어났도다. 아시타 선인이 합장하면서 감탄해 마지않기를 정말 상호가 뚜렷하시니 반드시 법왕이 되시겠다. 하였다. 그러면서 선인이 왕자가 성불할 때까지 자신이 살지 못함을 두고 스스로 한탄했도다. 그리하여 자연스레 정반국왕의 왕위 세습 위인 태자가 되었으니 이름는 '싣달다'요, 할아버지의 호는 사자협이고, 부명父名은 '정반'이며, 자모慈母는 '마야'였도다. 대대로 전륜성왕(훌륭한 왕)이 되어 성을 구담씨라 하고 또한 능력이 탁월한 관계로 달리 성을 석가(能仁의 뜻)라 했다. 태자는 천성적으로 성정이 명민하고 사려가 깊어 비록 오욕세에 머물러도 탐욕의 때가 묻지 않았도다.

태자께서 틈을 봐서 성문을 나와 유관遊觀하던 중 노인, 병자, 주검 및 출가사문의 모습들을 차례대로 보시고 궁으로 돌아와 앉아 주위를 환시環視함에 문득 모든 것이 무상해져 곧장 이곳을 떠나고 싶은 마음이 간절하셨다. 그러던 중 어느 날 한 밤중에 홀연히 천신이 누워있는 태자를 일으켜 세우면서 지금이 그 때라고 신칙申飭했도다.

드디어 보마寶馬를 타고 결연히 궁성을 빠져나와 출가하시어 당대의 내노라하는 도인들을 찾아가 그들의 지도로 육년을 하루같이 오로지 고행일변도로 용맹정진했으나 결국 그 길이 정각正覺으로 이

끄는 바른 방편이 아님을 절감하셨다. 그래서 기왕의 수도태修道態를 버리고 새로이 자신의 마음을 바로 봄으로써 정각을 이루고자 하셨다.

그때까지 성과없는 고행으로 고수枯瘦해진 육신을 좀 추스르고자 그 때 들판에서 소를 치는 여인에게 공양을 청하자 청을 받은 여인이 끓이는 우유죽이 어느 때보다는 높이 솟아오름을 보고 놀라 괴이하게 여기면서 보살에게 두 손으로 유미공양물을 받들어 올리니 보살이 받아드시고 원기를 좀 회복하고서 강에 들어가 목욕을 한 후 물가로 오르려고 하심에 나무가 절로 가지를 드리워 보살을 뭍으로 올라오시게 하였다. 이후 보살이 보리수 아래에 길상초를 깔고 선정禪定에 드시니 악마가 보고 화를 내면서 두려운 마음이 생겨 말하기를 이 사람은 우리의 세계를 텅 비게 하려고하니 곧장 십팔억의 권속과 모든 괴롭힐 방법을 다 동원하여 와서 보살을 협박하여 곧장 자리에서 일어나 세속의 오욕락을 즐기도록 재촉하고 나아가 아름다운 삼마녀를 보내 보살을 혹란惑亂시켰도다.

이에 보살은 수승하고 자비로운 삼매에 들어가 그들을 가엾이 여기는 마음을 내니 마군들은 자연히 세력이 영락零落하여 물러나고 셋 아름다운 마녀도 목에 혹이 생긴 추한 마귀로 변했도다.

이렇게 하여 결국 마군들의 각종 유혹을 제복制伏하고 난 후 이월 팔일 명(금)성이 보일 즈음 정각을 이루셨도다.

왕자의 신분으로 출가당시 그와 동반 출가해 동행 정진했던 교진여 등 다섯 사문이 보살이 수행코스를 달리하자 고행정진에서 퇴타退墮한 줄 알고 보살과 헤어져 나가 파라나국에서 정진하고 있었다. 이미 정각을 이뤄 부처의 경지에서 중생의 근기를 관하건대 교진여 등 그들 일행은 소승을 즐겨하고 대승을 감당할 수 없음을 간파하고 곧장 그들이 있는 곳으로 나아가 그들을 제도하는 것으로써 초전법륜初轉法輪의 기치旗幟를 더 높이 올렸으니 이것이 바로 삼보(불법승) 출현의 시작이도다.

이로부터 설법하여 중생을 제도한 수와 대승보살을 위한 법회, 깊고 깊은 무상의 법담法談 그리고 신통묘력神通妙力에 관한 것은 경장經藏에 다 수록되어 있도다. 또한 한 때는 도리천에 올라가서 구순 동안거 기간에 걸쳐 선망한 자모를 위해 설법 구제하기도 하셨다.

그러던 중에 우전국왕과 파사익왕이 지상에 없는 부처님을 잠시도 잊지 못해 당신의 모습을 전단栴檀(상품, 향나무) 나무에다 조각하고 고운 모직물 천에다 모습을 그려 넣기도 하여 예를 올렸도다.

이윽고 부처님이 도리천에서 지상으로 하강하시니 조성된 형상이 모두가 자리에서 일어나 자리를 피하시니 부처님이 그 형상의 머리를 어루만지시면서 너희들이 미래세에 훌륭하게 불사의 일익을 담당하리라고 말씀하셨다. 불상조성의 시작이 이로부터 시작되었도다.

부처님의 교화인연이 곧 끝나려고 할 즈음 매사가 싫어지고 권태로운 마음이 생겨 주위 대중에게 바로 지금부터 삼 개월 후면 내 마땅히 열반에 들리라고 말씀하시고 아울러 뒷일을 부촉하신 사연은 경에 모두 기록되어 있는 것과 같도다.

여래의 현화육신은 멸하지만 여래법신은 상주하여 멸하는 법이 없다. 그래서《법화경》에서 말하길 여래는 늘 영취산과 나아가 모든 곳에 두루 안 계신 곳이 없다 하니라. 지금 생하고 멸하는 모습을 내 보이는 것은 부처님의 화신의 작용이라. 중생을 불도로 끌어들이기 위해 중생과 같은 모습을 나타내 보이시니 그래서 생을 받고 유위전 변有爲轉變(인연화합물은 쉼없이 변화함)함을 알게 하고자 멸을 보이시도 다. 중생의 인연이 성숙함에 생을 보이고 인연이 다해 멸을 보이시 도다.

　세존이 열반에 드시니 인천人天이 공양하고 당신의 덕을 기리어 곳곳마다 보탑을 세웠도다. 당신의 수법제자, 대가섭은 천여 명의 대 아라한을 소집하여 부처님의 유법遺法을 장경으로 결집할 때 다문제 일多聞第一인 아난이 자물쇠 틈새로 결집장에 들어와 불경을 송출함 에 부처님의 말씀을 한 병의 물을 다른 병으로 옮겨 붓듯이 한 마디도 빠짐이 없었도다.

　그로부터 거의 백년 뒤 철륜왕이 있었으니 자字는 아수가요, 이 름은 아육이라 신장과 귀신을 부려 하루 만에 천상과 인간 세상에 팔 만 사천 개의 부처님 사리탑을 조성했다.

　부처님이 열반 후 남기신 물건인 법의法衣와 석장과 모든 사리는 그 신통변화가 한두 가지가 아니도다. 한漢나라 명제가 꿈에 금빛 몸 에 장육丈六(부처님의 身長)의 모습을 띄고 있음을 봤는데 흡사히도 부 처님의 본 모습과 꼭 같았으며 또한 오吳나라 임금 손권이 사리를 시 험해보기 위해 그것을 불에 달궈 망치로 내려쳐도 조금도 달라지거 나 깨지지 않았느니라. 서진西晉 건여(연호) 원년에 유위와 가섭 두 부처님의 석상石像이 바다에 떠서 중국 송강포구에 닿아 사람들이 통현사에 안치하고 공양을 올렸다고 하니라.

진나라 함명(년호)시에 바닷가에서 한 사람이 금빛 부처상을 습득했는데 좌대가 없었지만 조상彫像술이 아주 교묘했다. 그것을 장간사에 안치한 후 일 년여 시간이 지난 후 한 어부가 포구에서 아름다운 좌대가 바다에 떠 있는 것을 발견하고 본상에 받혀놓으니 빈틈없이 꼭 맞았도다. 후에 오명의 인도 승려가 그 불상에서 발하는 빛을 따라 찾아와 친견하니 아육왕의 넷째 딸이 발원해서 조성한 불상임이 밝혀졌도다. 이를 두고 세간에선 상서로운 모습이 바다에 떠 있도다. 범해서용泛海瑞容라는 말로 전해지고 있도다.

오나라 때 승려인 지장이 개선사에 있을 때 어떤 점술가가 스승師을 점쳐보고 말했다. 스승은 비록 두뇌가 명민하나 앞으로 살 기한이 삼십 한살 밖에 되지 않으리라함에 스승의 나이 그 당시 스물아홉이었다. 스승은 곧장 집을 마련하여 성상을 모시고 주야로 쉬지 않고 반야경을 독송했느니라. 그러던 중 기한이 다 찰 무렵 홀연히 하늘에서 소리가 있어 너는 반야의 공덕으로 인하여 수명이 두 배로 연장 되었도다 하매 스승은 기쁜 나머지 반야경 독송에 배전倍前의 노력을 경주했다. 그 후 점성가를 만나니 그가 깜짝 놀라 묻기를 스승은 어찌 지금껏 살아 계신가 하매 스승이 자초지종을 말했느니라. 얘기를 들은 점술가가 감탄하기를 불법의 신령한 영검은 세간의 지혜로서 다 헤아릴 수 없도다. 라고 했느니라. 이를 간단히 줄여서 반야명력般若冥力(반야경의 심오한 힘)이라고 하도다.

송나라 때 구나발타승이 오명주술五明呪術에 능통했느니라. 초왕이 승에게 화엄경 강의를 청하자 승이 송나라 말을 구사할 줄 몰라 근심했느니라. 스승이 늘 관음다라니를 암송하면서 보응을 기다리는 중 홀연히 꿈에 흰 옷을 입은 사람이 긴 칼을 차고 와서 자신의 근심사를 묻길 래 사정을 얘기하자 칼로 고통 없이 스승의 머리를 베고 송인의 머리를 바꿔놓았느니라. 잠을 깨니 마음이 한결 더 상쾌한 가운데 송나라 말을 자유자재로 구사할 수 있게 되어 왕전에서 강의하여 불법을 크게 드날렸다하니라. 이를 두고 관음주의 신비한 영검(관음밀험觀音密驗)이라 하도다.

이런 류의 불교의 영검담은 이루다 말할 수 없나니 여기에선 우선 한 두 가지 사례만 소개할 뿐이로다.

불(저=보) 사불(석존이 미륵보살과 함께 수도했던 때의 부처명)을 기리는 게송

하늘 위 하늘 아래 부처만한 이 없고
시방 세계 찾아봐도 비할 것이 없도다
세간에 있는 것 내 다 보았어도
어느 것 하나 부처님만한 게 없더라

3. 각범 덕홍선사 송승 결식서

(중을 락발보냄)

　　조계종의 제육대조인 혜능대사가 처음 속인 복을 걸치고 홍인대
사가 거처하시는 황매산에 이르러 행자 수업 중 밤에 디딜방아로 곡
식을 찧을 때 몸무게를 보태고자 허리에 묵직한 돌을 매달았고, 우두
법융사는 대중의 공양미가 부족하여 단양으로 탁발나가 걸개乞丐한
쌀 한가마니 양인 여덟 말을 아침에 나가 저녁때까지 팔십 리 길을 몸
소 지고 옴을 다반사로 여겼으며, 융화 혜만 선승은 한 사찰에 두 번
다시 가지 않으며 전국을 만행하면서 머무는 곳마다 장작을 패고 짚
신을 삼았고 백장산의 열반 법정 화상은 쉴 새 없이 열반경을 암송하
면서 대중에게 밭을 개간하는 자는 그 대가로 열반경의 대의를 설해

주었다고 하노라.

혜능대사가 행자 수업 때 허리에 돌을 드리운 흔적이 아직도 동산(황매산)에 남았고 융화 혜만 선승이 장작을 패던 도끼가 아직도 업진邑鎭에 남아 있으며 우두 법융사가 대중의 공양을 위해 공양미를 져서 날랐던 도구가 강남 서쪽의 차륜산 한 산록山麓에 대의大義라 명명命名되어 남아있나니 지금도 운수납자들이 찾아볼 수 있어 허망한 것만도 아니도다.

오랜 세월이 지남에 따라 도심을 잃게 되어 망령되고 어리석으며 몹시도 가난한 무리가 절 도량에 들어왔으니 그들의 의식에 자리잡은 욕심을 바로잡을 수 없는데 어찌 대법을 올바르게 닦을 수 있겠는가? 꽃을 수놓아 버선을 만들고 명주실로 신코 장식을 해가지고서야 어찌 밤에 곡식방아를 찧고 얇은 비단 깁으로 도포를 재단해 입고 시원하게 소매를 짧게 한 모습으로 어찌 장작을 패겠는가? 아주 높고 험준한 산을 오름에 노복들이 피땀을 흘릴지라도 즐겨 가마에서 내려설 생각조차 하지 않는 사람이 어찌 대중의 공양미를 등에 질 수 있으며 대문에다 대서특필하기를 이 절엔 지금부터 대중방부를 받지 않는다고 하면서 어찌 밭을 일구며 불법대의를 설하겠다고 하겠는가? 이러한 시태時態를 두고 내가 일찍이 가슴 아파하며 가슴을 쓸어내리면서 탄식했도다.

때때로 불법홍포佛法弘布로 인하여 화를 당해 갑자기 추방되기도 했으나 그 때마다 다행히 살아서 돌아와 심산궁곡深山窮谷에 은둔하니 납자들이 오히려 운암 극문대사(덕홍사의 전법 스승)를 가까이서 모시는 셈치고 짐짓 나를(덕홍사) 찾아와 함께 정진하길 바라니 내 그들을 받아 줄 의향도 없고 그렇다고 물리칠 수도 없는 노릇이었도다. 그래서 문을 걸어 잠그고 굳이 누워있는데 어떤 이가 문을 두들겨 말했다. 운암(덕홍사의 전법사승) 화상의 법시法施는 저 지각연수智覺延壽 스승에 필적匹敵했고 대중을 포용함은 저 설봉의존 스승과 조금도 다름이 없었는데 그 문하 승들은 그렇지가 못하구먼.

도를 중히 여기지 않으면서도 남이 자기를 귀히 여겨주길 바라지만 실은 질적으로 이름을 드날릴 수준이 못되면 사람들이 몰려옴을 두려워하게 되도다.

선禪을 업신여기는 자는 백세의 원수와 같이 여겨야 하나니 세도가에 아첨하며 섬기기를 다 겁에 걸쳐 결연結緣된 부모와 같이 여기는 새태판국에 스승(덕홍)은 온전히 이 모든 세태를 비웃으며 헤쳐나간다면 전법사승傳法師僧인 운암대사의 구도심에 가깝다고 하겠도다.

나(덕홍)는 이런 말에 자리에서 벌떡 일어나 앉으며 짐짓 말했다. 그렇다고 해도 당장에 대중이 먹을 양식조차 없는 것을 어찌하리오. 문을 두드리고 서 있던 승이 대답했다. 마땅히 깨끗한 단월檀越가를 찾아가 탁발해야 하니 그것은 부처님이 제정해 놓은 법도와 같도다.

노승으로서 즐겨 탁발을 나선다면 여타 총림들이 운암의 법도가 아직도 살아있음을 알게 될 것이라 함에 내가 그 말을 가상히 여겨 옛날 고승대덕의 행장의 일부를 소개하여 수행자가 여법히 행치 못해하는 마음을 경책코자 함이니 틀림없이 나의 진의를 알아주는 자가 있을 지어다.

4. 석문 등과기서

(승려 과거문)

삼대(양, 당, 송)에 걸쳐 승사僧史에 의하면 열 가지 과정을 과하여 대덕스님을 선발하되 경문암송을 높이 평가했다.

황조 때에 칙령을 내려 제왕의 탄신일에 천하의 불문에 뜻있는 사람들을 상대로 득도得度케 하여 천자위天子位를 장구長久케 하였으니 불교를 존숭하고 널리 공표함이 예부터 그와 같아서 이로써 불교가 더욱 융성하게 되었도다.

지금(필자 당시) 각 지방에 승려수가 많아져서 매년 대덕 선발에 반드시 경에 대한 수업정도를 헤아리니 장소와 날짜를 정해 시험을 치러 정통여부를 따져봐 합격시켜 하늘의 별처럼 그 합격자를 방시榜

示하여 합격자들에게 그간의 정진 노고를 치하하고 제왕의 은혜를 우로雨露같이 내리시어 평생의 안한安閑을 허許했도다.

밖으로 전의田衣(가사)를 습襲하고 안으로 계율을 지님으로서 범왕자가 되어 인천의 대도사 신분으로 생산업에 종사하지 않으면서 단정히 앉은 채 단월의 시주물을 받아쓰며 마음은 세상 밖에 두면서 몸만 인간 세상에 잠시 머물고 있나니 석자釋子로서의 영화榮華가 어찌 또한 이보다 더 하리오.

근세(필자 당시)에 출가자 중에서 많이들 올바른 동기를 갖지 않고 도리어 다른 것을 얻고자하여 사문으로서 본업(수도 정진)에 충실하지 않으면서 오로지 공양물에만 마음을 둔 채 함부로 청정승단에 참여하기도 하도다.

그런 상태에서 자기의 권속과 문도를 의지하여 패당을 짓거나 아니면 한 회상의 대표스님을 회유내지 옥박질러 앞세워서 자기의 뜻을 관찰시키려고 한다거나 심지어 스스로 거리에 나서 탁발구걸 행각을 하는 등, 직접 모연募緣에 나서기도 하며 유력한 사람에게 뇌물을 보내거나 간사하게 모시고 뒤따르기도 하도다. 한 걸음 더 나아가 후안무치厚顔無恥하게 유력자의 거처를 찾아가서 때때로 냉대와 욕을 얻어먹기도 하며 갖은 간난신고艱難辛苦를 다 겪으면서 기구冀求하는 자는 수천에 이르러도 소기의 성과를 이루는 자는 약간에 지나지 않도다. 어찌 이 한 몸을 영화롭게 하는 비책과 안락하게 하는 더없는 법문이 진실로 달리 또 있으리오.

그렇게 전락하는 것은 당자의 출가심이 확고부동하지 못하고 타고난 태성에 장부기질이 없기 때문이도다. 게다가 영취산에서 부처님이 설하신《묘법연화경》에서 그런 실태를 진작에 죄다 말씀하셨도다.

부처님은 중생의 일대사(생노병사)에 의거하여 당신의 지견을 내보이시니 이것이 바로 이 세상에 법신을 나투신 근본 뜻이며, 실로 중생을 오입悟入케하는 관문關門이로다.

헤아릴 수 없는 나라에서 이름조차 알지도 못하는 무수한 중생이 부처님을 보고 법을 듣고 하니 어찌 우리가 불도를 외워 지니지 않겠으며 어찌 나 홀로 부처님의 은혜를 저버리고 정작 근본사를 잊으리오.

삼가 권면勸勉하노니 일찍이 한 소식을 못한 수행자는 의당 지극 정진하여 하루 빨리 법 앞에 자유자재롭게 되기를 바라도다. 이미 득달得達한 자라면 보임保任을 게을리 하지 않아야 마침내 도업을 성취하여 단월로부터 백금의 시주라도 능히 받아 쓸 수 있고 사배四輩(人.天.龍.鬼)들이 존경하며 의지하여도 진정 자신의 법덕에 비춰보아 부끄러워할 점이 없으리라.

허환虛幻한 육신은 필경 끝이 있어도 실제로 행한 행위는 없어지지 않나니 사람이 죽어서도 살아생전에《법화경》을 염송한 공덕으로 혓바닥이 썩어 문드러지지 않고 붉은 연잎마냥 그대로 남아 있었다고 하며 한 스님은 살아서 한 철간 법화도량에서 참회 기도한 공덕으로 원적후 사유(闍維, 다비, 화장)하여 습골拾骨한 것을 빻으니 모두가 진주알 같았다고 하도다.

이런 사실은 그대로 기록으로 전해지니 배움이 있는 자는 읽거나 들어서 알고 있을 터인데 하물며 반야경을 한 번 정도라도 들어봤거나 법화불사에 기꺼이 참가한 복을 어찌 다 헤아릴 수 있으랴.

성인의 가르침에 의거하여 정진할지언정 어영부영 세월만 보내지 말지어다. 가까이로는 머리 깎고 참된 스님이 되길 바라며 멀리로는 마군을 항복받고 성불하기를 기원하도다. 만약 이와 같이 된다면 다시 또 더 이상 무슨 말을 하리오.

근심되는 일은 중이 되어서 십종과목(번역翻譯, 해의解義, 습선習禪, 명율明律, 감통感通, 유신遺身, 독송讀誦, 호법護法, 흥법興法, 잡과雜科)의 고시에 응해 합격하지 못하면 부처님을 모시는데 제대로 법력을 갖추기에는 터무니없는 많은 시간이 더 소요되도다. 옛 성현의 깊은 가르침을 어찌 명심하지 않으리오.

1. 이산 혜연선사 발원문

시방삼세 부처님과 팔만사천 큰 법보와 보살성문 스님에게 지성 귀의 하옵나니 자비하신 원력으로 굽어 살펴주옵소서.

저희들이 참된 성품 등지옵고 무명 속에 뛰어들어 생사 따라 부침하고 성색聲色에 물이 들어 심술궂고 욕심내어 온갖 번뇌 쌓았으며 보고 듣고 맛봄으로 한량없는 죄를 지어 잘못된 길 갈팡질팡 생사고해 헤매면서 나와 남을 집착하고 그른 길만 찾아다녀 여러 생애 지은 업장 크고 작은 많은 허물 삼보전에 원력빌어 일심 참회 하옵니다.

바라옵건대

부처님이 이끄시고 보살님이 살피옵서 고통바다 헤어나서 열반

언덕 가사이다.

이 세상의 명과 복은 길이길이 창성하고 오는 세상 불법지혜 무럭무럭 자라나서 날 적마다 좋은 국토 밝은 스승 만나오며 바른 신심 굳게 세워 아이로써 출가하여 귀와 눈이 총명하고 말과 뜻이 진실하며 세상일에 물 안 들고 청정범행 닦고 닦아 서리같이 엄한 계율 털끝인들 범하리까? 점잖은 거동으로 모든 생명 사랑하여 이내 목숨 버리어도 지성으로 보호하리.

삼재팔난 만나잖고 불법인연 구족하고 반야지혜 드러나며 보살마음 견고하여 제불정법 다 배워서 대승진리 깨달은 뒤 육바라밀 행을 닦아 아승지겁 뛰어넘고 곳곳마다 설법으로 천겁만겁 의심 끊고 마 군중을 항복받아 삼보를 잇사올제 시방제불 섬기는 일 잠깐인들 쉬오리까.

온갖 법문 다 배워서 모두 통달 하옵거든 복과 지혜 함께 늘어 무량중생 제도하여 여섯 가지 신통 얻고 무생법인 이룬 뒤에 관음보살 대자비로 시방법계 다니면서 보현보살 행원으로 많은 중생 건지올제 여러 갈래 몸을 나퉈 미묘법문 연설하고 지옥, 아귀 나쁜 곳엔 광명 놓고 신통 보여 내 모양을 보는 이나 내 이름을 듣는 이는 보리마음 모두 내어 윤회고를 벗어나되 화탕지옥 끓는 물은 감로수로 변해지고 검수도산 날쌘 칼날 연꽃으로 화하여서 고통 받던 저 중생들 극락세계 왕생하며 나는 새와 기는 짐승, 원수 맺고 빚진 이들 온갖 고통 벗어나서 좋은 복락 누려지다.

모진 질병 돌 적에는 약풀되어 치료하고 흉년드는 세상에는 쌀

이 되어 구제하되 여러 중생 이익된 일 한 가진들 빼오리까?

천겁 만겁 내려오던 원수거나 친한 이나 이 세상의 권속들도 누구누구 할 것 없이 얽히었던 애정 끊고 삼계고해 벗어나서 시방세계 중생들이 모두 성불하사이다.

허공 끝이 있사온들 이내 소원 다 하리까?

유정有情들도 무정無情들도 일체종지 이루어지이다.

나무 석가모니불, 나무 석가모니불, 나무 시아본사 석가모니불.

2. 신곡거사 황태사^(벼슬명) 발원문

그 옛날에 사장 왕이 깨끗한 법을 몸으로 삼고 열반공성涅槃空性의 산골짜기에서 힘을 다해 내달리며 두려움 없이 포효하고 활 같은 신념에 화살 같은 의지, 자애慈哀의 갑옷을 입으시고 부동의 인내심으로 마왕의 대군을 격파하고 쉼 없이 정定에 들어 환희심이 가득하니 감로수로 밥을 삼고 해탈묘미를 양념삼고 삼승 따라 권교를 펴사 일체지에 안주하여 무상법륜 굴리시다.

내 이제 정법을 거양擧揚함에 삼업(신.구.의)상의 일체법을 남김없이 관찰하여 진실로 참회하옵니다.

무시 겁래로 우치하여 짙은 탐애에 사로잡혀 술 마시고 고기 먹

어 애욕 갈구 증장시켜 잘못된 길 갈팡질팡 벗어날 길 아득하여 부처
님 전 서원 하옵나니

오늘부터 미래세가 다하도록 다시는 육식 않겠나이다.

설사 제가 음행하여 지옥에 떨어져 한없는 겁 불구덩이에서 보
낼지라도 일체중생 음행 때문에 받을 고통 내가 다 대속代贖코자 하
옵니다.

설자 제가 음주하여 지옥에 떨어져 펄펄 끓는 구리물을 마시면
서 무량겁을 보낼지라도 일체 중생 음주 때문에 받을 고통 내가 다 대
속코자 하옵니다.

설사 제가 육식하여 지옥에 떨어져 빨갛게 달군 철환을 삼키며
무량겁을 보낼지라도 일체중생 육식 때문에 받을 고통 내가 다 대속
하겠나이다.

미래사가 다하도록 인내하며 제진중생濟盡衆生 원력으로 부단히
정진하여 육근육진 정결하고 일체법이 공적함을 깨달아 열 가지 참
는 마음(安住心)을 구족하여 다른 사람 가르침에 의하지 않고 곧바로
일체지에 들어가서 여래를 뒤따르며 한량없는 중생계에서 많은 불사
하오리다.

삼가 바라옵나니 시방을 꿰뚫어보시고 무상의 덕으로 장엄하신
부처님이시여! 티끌같이 무수한 국토에서 저를 위해 증명사가 되어
주옵소서.

설사 제가 부모 통해 이 몸을 받는 순간 생의 근원 망각한다 해
도 부처님이 가피하사 당장에 미혹구름 걷히게 하옵소서.

거룩하신 부처님께 정례頂禮하오며 서원이 성취되길 한결같은
마음으로 바라옵나이다.

나무 석가모니불, 나무 석가모니불, 나무 시아본사 석가모니불

九 선문 (禪文에 관한 글)

1. 전선관법 傳禪觀法

선 전래의 글

중국에서의 선법은 진秦나라 때 승예법사가 진秦의 관중關中(왕립 도서관)에 보관해 둔 선경禪經을 출간함에 그 서문을 지어 천하에 유포함으로서 비롯되었도다.

그 책의 내용인즉 마음을 밝히고 그 이치를 통달하게 하는 것이었도다. 하지만 처음엔 제시된 화두에 따라 수행하여 마음으로 계합해 보지도 못했고 또한 질병을 고쳤다는 소문을 들어보지도 못한 중에 그 당시인들은 그것을 막연히 의서醫書로 치부해 버렸도다.

게다가 그 때 벌써 대승불교가 일방적으로 널리 퍼졌기에 뛰어난 많은 좌주座主들이 곳곳마다 강석을 마련하였으며 경을 주해하는 자는 앞 다퉈 그 뜻을 풀이하였고 경의 내용을 논리적으로 분석체계화 시키기 좋아하는 자는 맘대로 내용을 판석判釋하였다.

선사가 수자를 제접함에 불자拂子를 잡거나 소나무 가지를 잡아 흔듦은 다만 임기응변을 좋아해서이니라.

수자로서 어지러운 마음을 없애고 물욕으로 치닫는 날카로운 심정을 꺾어버리고자 하면 오직 선사의 칼날 같은 지혜와 매서운 말뜻을 관해야 하느니라.

당시(秦)의 승단에선 교장敎藏을 다 잊어버리고 번뇌 망상에서 벗어나려고 기도冀圖하지도 않았으니 강표(지명)의 혜원승이 당시 선법이 널리 유포되지 못함을 개탄해 천축(인도)으로부터 애써 선경禪經을 구해 번역하여 진秦나라의 관중關中(왕립 도서관)에 보관하게 했다.

보리달마 조사가 중국인의 근기와 인연을 관하시고 당시의 시대사조가 번거롭고 문란한 것을 두고 말하기를 불입문자不入文字로서 문자와 의식儀式을 버리게 하고 직지인심直指人心함으로서 무생법인無生法忍의 도리를 홀연히 깨닫게 하셨다. 그의 기지機智가 준엄하고 이치가 무루원만無漏圓滿하여 점수漸修의 무리로부터 몹시 비난을 받았도다.

선법을 전한 자는 중국에선 달마조사를 효시嚆矢로 하여 계속 직계 전승하여 육대 조계 혜능대사까지 전법되었고 그 외 방계傍係 전법은 이루다 말할 수 없을 정도이니 상세한 사연은 조계 보림전에 다 실려 있도다.

2. 장로 자각색 선사 좌선의

(좌선 자세를 말함)

대승반야를 배우는 보살은 우선 대비심을 가져 크고 높고 깊은 서원을 세워 삼매를 짬지게 닦아 중생을 맹세코 남김없이 다 제도해야 하나니 자기 한 몸만을 위해 해탈을 구하는 것이 아니도다.

모든 반연을 내버리고 세상의 잡다한 일들은 푹 쉬여 몸과 마음이 한결같고 동정動靜에 차이가 없으며 일상의 음식을 잘 조절해 너무 많고 너무 적음이 없도록 하고 수면에 절도가 있어야하며 너무 억제하거나 너무 시도 때도 없이 잠만 자서는 안 되느니라.

좌선을 하고자 할 때는 조용한 곳을 찾아 좌복을 두텁게 깔고 허리띠를 느긋하게 하여 자세를 가지런히 한 연후에 우선 가능한 한 결가부좌하고 아니면 오른쪽 발을 왼쪽 허벅지 위에 올려놓거나 왼쪽 발을 오른쪽 허벅지 위에 올려놓는 등 형편에 따라 어느 한쪽 발을 어느 한쪽 허벅지 위에 올려놓는 반가부좌도 무방하니라. 되도록 좌족을 우슬右膝 위에 올려놓아야 하니라. 그런 다음 오른쪽 손을 좌족 상에 놓고 오른쪽 손바닥위에 왼손을 올려놓은 다음 양 손의 엄지손가락 끝이 서로 맞닿게 해야 하느니라. 그리고 나서 몸을 살짝 들어 올리듯 턱을 안으로 당기며 척추를 곧바르게 하고 양어금니를 자연스레 맞닿게 하며 눈에 힘을 뺀 채 전방 사오십 센티를 바라보면서 마지막으로 다시 몸을 좌우로 열 번 슬슬 흔들어 앉음새를 단정히 하느니라. 그런 자세에서 좌우 어느 한 쪽으로도 몸이 기울어지면 안 되고 앞으로 굽히거나 뒤로 젖혀져서도 안 되며 척추와 목의 골절이 서로 떠받게 하고 코와 배꼽이 마주하게 하며 혓바닥은 입천장을 떠 바치고 입술과 치아는 각각이 서로 자연스레 닿게 하며 눈은 힘을 빼고 살짝 떠서 잠이 들지 않도록 해야 하느니라. 이와 같은 자세로 선정禪定에 든다면 좌선의 성과가 아주 뛰어나리라.

옛날에 정定을 닦는 한 고승이 앉음새에서 늘 눈을 떴고 지난날 법운 원통선사가 눈을 감고 좌선하면 흑산괴굴黑山鬼窟에 떨어진다고 여겨 야단을 쳤나니 아마도 거기에 깊은 뜻이 담겨 있었으리라. 선정에 통달한 자는 잘 알리라.

몸 상태를 잘 안정시키고 숨길을 잘 조절한 연후에 복부를 느슨하게 가져야 하느니라. 그런 후 일체 선악을 다 생각지 말며 생각이 일면 바로 그것을 알아차리고 알아차리면 곧 잡념이 사라지도다. 오래오래 반연攀緣을 놓아버리면 자연히 조그만 깨침의 진미를 맛보게 되리니 이것이 바로 좌선을 하는 중요한 일이니라.

남이 보던 안 보던 꾸준히 좌선을 하는 것은 몸과 마음을 안락으로 이끄는 법문法門이거늘 수선자들이 다분히 여러 가지 질병에 시달리는 것은 아마도 마음을 잘 쓰지 못한 소치이니라. 이러한 의미를 잘 깨달으면 사대四大(지수화풍, 곧 육신)가 가뿐하고 정신이 개운하며 바른 생각이 명확하여 법미로써 정신에 자양이 되어 조용한 가운데 깨끗한 즐거움을 누리리라.

참선을 통해 도의 묘미를 분명히 밝힌 자라면 마치 용이 물을 만나듯 호랑이가 산을 의지한 듯 할 것이며, 아직은 명확히 깨닫지 못한 자라도 또한 바람을 등에 업고 불을 피우는 것 같아 들이는 힘이 많지 않으리니 다만 선禪의 공능功能에 대해서 긍정하는 마음을 가질 것이니 반드시 사람을 속이진 않으니라.

하지만 도력이 높으면 그만큼 마魔의 혹란惑亂도 강성하나니 역순逆順의 경계가 한이 없도다. 단지, 정념正念을 견지하면 일체경계에 걸림이 없어지리라. 이를테면《능엄경》과 천태지관 그리고 규봉 수증의圭峰 修證儀에서 수행상의 마장에 대해 남김없이 다 밝혀놓아 수행상 예측할 수 없는 현상에 대해 미리 대비하게 했으니 꼭 사전에 알고 있어야 하니라.

일정기간 좌선 후 방선코자 하면 서서히 몸을 움직여 자리에서 일어나되 갑자기 거칠게 움직여서는 안 되며 방선 후라도 계속해서 좌선의 방편에 의거해서 거동하여 수행중의 정력定力을 잘 보호해 가지되 갓난애를 보호하듯 하면 입선入禪해서도 쉬이 정定에 들 수 있도다.

우선 선정禪定에 들어가는 것이 중요한 일이라. 고요한 생각으로 편히 선을 하지 않으면 경계에 부딪쳐 모두가 반드시 어쩔 줄 몰라 하리라.

그런 까닭에 물속의 진주를 더듬어 찾고자 함에 의당 물결이 고요해야 하나니 물결이 출렁이면 더듬어 찾기가 어려우니라. 선정의 물이 맑고 맑으면 마음의 진주가 절로 드러나리라. 그래서《원각경》에 이르길 걸림 없이 맑고 깨끗한 지혜는 모두 선정에 의해서 생긴다고 했고《법화경》에선 한가롭고 조용한 곳에 머물면서 머트러운 마음을 닦아 거둬들여 움직임 없이 편안히 주住함이 저 수미산과 같다 했도다.

범성凡聖을 초월하고자 함에는 반드시 선정을 빌려야하며 앉은 채로 입적하거나 선 채로 원적함도 모두가 반드시 정력定力에 의함이도다.

일생동안 쉼 없이 정진하여도 오히려 헛되이 세월을 보낼까봐 두려워지는 데 황차 이런저런 변명으로 자꾸만 공부를 미뤄나간다면 장차 무엇으로 지은 업을 갚을 수 있으리오.

고인이 말했다. 사람이 정력定力이 없으면 죽음의 문 앞에 다달아 눈이 가린 채 자신을 아무 생각 없이 마구 내맡기게 되어 흡사 의지가 없이 떠도는 부랑자와 같게 된다 하느니라.

모든 참선 도반들은 이 글을 거듭거듭 읽어 자리이타自利利他하여 다 함께 정각을 이루길 바라나이다.

3. 권참선문

(修禪을 권함)

대저, 지혜엔 원만한 것을 필요로 하는데 바로 그런 사람을 가르
켜 명안종사明眼宗師라 하나니 닦음엔 원만한 닦음이 되도록 총림의
수행도반들에게 당부하도다.

처음 불도에 마음을 낼 적엔 박복한 소치로 선禪에 몸소 가까이
다가가지 못하고 자신의 견해만 앞세워 한 쪽으로만 치우쳐 고집을
부리면서 수행정진을 게을리 하며 성인聖人의 경지를 무비판적으로
필요이상 높이 신봉만 하면서 나 자신의 신령한 마음을 져버리니 어
찌 자심自心의 본래 신통한 불성을 알 수 있으리오. 그래서 범부로써
오도悟道는 아주 요원하기만 하니라.

하지만 때때로 자기 마음의 천진난만성을 믿기도 하지만 일상 시엔 인과를 무시하고 다만 마음 내키는 대로 행하며 단계에 따른 수행을 하지 않느니라. 그런 까닭으로 불교를 어설피 알고 있는 법사는 불교를 통달하지 못하고 머리가 텅 빈 선객은 실천적인 측면의 교화를 귀히 여기지 않나니 이는 두루 원만하게 수행하지 못했기 때문이도다.

혹 온 몸에 계행戒行과 검속檢束함이 없고 얼굴 가득히 흙먼지를 뒤집어 쓸 정도로 나돌아 다님에 삼천 가지 세세한 계행과 팔만가지 위의는 찾을 길이 없느니라.

혹, 인간의 잡다한 일들을 챙기고 문도를 모아 다스리며 몸은 시정에 노닐고 마음은 세태에 물들기도 하도다. 시골마을로 다니는 평범한 승려는 농부들의 비난을 면하기 어렵고 번잡한 도회지를 찾아 다니는 사문은 도리어 유식자들의 빈축을 사기가 십상이로다. 이는 다 자신이 피운 게으름의 결과이도다.

다시 한번 더 번뇌의 집을 떠나고 망상의 그물網을 거듭 찢어버려라. 청풍을 온 몸으로 받아들이며 고승을 찾아 미묘한 불리佛理를 탐문하라. 마음 맞은 도반을 찾고 조사님들의 유풍이 살아 움직이는 엄격한 수행처에서 정신을 맑혀라. 선리禪理로 번쇄한 의식을 푹 쉬어라. 고요하고 텅 빈 방이나 마루에서 선의禪衣를 걸치고 편히 앉아 삼매에 들지라. 방선시엔 푸른 산 맑은 계곡물을 따라 석장錫杖을 내저으며 어찌 경행하지 않으리오.

홀연히 심광心光이 발하여 응결되어 있는 번뇌 망상이 얼음 눈

녹듯이 사라지면 바로 그 자리가 분명해지니 어찌 삼 아승지겁에 걸친 수행의 구경인 정각正覺이 멀다 하리오. 마음자리에 본래 다 구족되어 있는지라, 온갖 행을 성불의 인행因行으로 삼아도 무방하리라.

선교禪敎 겸통은 떠오른 해가 허공에 걸려있는 것과 같고 심신心身이 다 고요함은 유리琉璃(칠보 중의 하나)가 달빛을 받는 것과 같도다.

삼(麻) 대속에 쑥이 자라면 받혀주지 않아도 절로 곧아지고 뭍의 여러 갈래 물이 바다로 흘러들면 모두가 한 맛의 바닷물이 되도다.

여태까지 살아오며 잘못된 것들을 뒤돌아보면 성불의 길에서 크게 벗어났음을 바로 알게 되도다.

일상사에서 바른 말은 귀에 거슬리기가 십상이니 위의 어줍잖은 말들을 마음속에 깊이 새기기를 감히 바라노라.

이 생이나 내 생에 걸쳐 불도 안에서 같은 도반이 되고지이다.

1. 노산 동림 혼융선사 시중

고타마 싯달타는 보장된 왕위로써의 존엄과 영화를 뿌리치고 유성출가踰城出家하셔 육년 간을 하루같이 갖은 고통을 다 감수하시며 잠시도 길상초 포단蒲團을 떠나지 않고 정진한 결과 드디어 등정각을 성취하사 무량한 중생을 제도하셨느니라. 이것이 바로 부처님께서 보이신 출가의 본보기이거늘 후학들은 그 근본 취의趣義를 몰각하고 도리어 출가를 의식衣食의 한 방편으로 삼느니라.

자신은 밭 갈고 길쌈하지 않으면서 남들에 의해 가히 마련된 재물로 편안함을 일삼으며 군왕과 어버이를 받들지 않고 나라에 조세와 부역을 면제받아 평안하게 여기느니라.

명승名僧의 법복을 습襲하고 세연世緣을 조작하여 이양심利養心으로 사리에 어긋나게 불사를 영위하여 늙어가서도 후회할 줄 모르고 전생의 선업공덕의 결과로 정원의 나무에 생기는 맛있는 목이버섯을 받아먹기만 하다가 일정기한이 차서 생기지 않았던 고사古事처럼 죽어서 자신의 숙복宿福이 다하리니, 진실로 슬퍼할 일이도다.

너희들이 출가한 신분으로서 마땅히 부처님이 풀방석에 좌정坐定하여 고행하시던 모습과 같게 하길 바라며 정원수에서 자랐던 목이버섯의 교훈을 스스로 살펴봄이 옳을 지어다.

2. 백양 법순선사 시중

세속의 일은 쉬이 성취할 수 있지만 도업道業은 이루기가 가히 어려우니라.

목전目前의 무수한 인연차별상을 요달하지 못하고 단지 경계와 풍색風色이 현란함만 보며 그간에 쌓은 공덕을 쓰기만하여 고갈시키고 참지 못해 마음속의 노여움이 불꽃마냥 이글거려 내심의 보리종자를 다 태워버리도다.

도道(곧 理)로서 생각함이 정情으로서 생각함보다 못하면 성불하기 어렵고 대중을 위함이 자기 한 몸을 위하듯 하면 자비심으로 피차의 일을 구분 없이 처리할 것이며, 자타의 시비를 논하지 않으면 자연히 윗사람은 삼가며 아랫사람은 공손하게 되고 불법으로 늘 자기 마음을 가다듬으면 번뇌가 일 때마다 그에서 벗어나리라.

3. 부용 도해선사 소참
(수시 설법)

　무릇 출가자는 속세를 싫어하고 생사를 벗어나고자 하여 마음을
쉬고 번쇄한 생각을 놓아 이리저리 끄달리는 정情을 끊어야하나니 이
를 일러 출가라 하도다. 어찌 화리貨利로서 육신만 돌보며 아까운 일
생을 마구 묻어버리려고 하나이까?

　꽉 닫힌 육근과 육진의 관문을 활짝 열고 그 사이에 있는 육식六
識을 텅 놓아 성색聲色을 만나면 돌 위에다 꽃을 심는 걸로 여기고 명
리를 보면 눈에 티끌이 들어간 걸로 여겨야 하느니라.

　게다가 무시無始이래로 십팔계(육근, 육경, 육식)를 통해 허다한 인
생사를 이미 벌써 경험하지 않음이 없고 또한 사리事理를 좀 안다고

는 하지만 흡사히도 개미 쳇바퀴 돌듯이 처음을 돌며 끝을 만들고 끝을 돌며 처음을 만드는 것에 불과하니 윤회의 고리를 여기에서 끊어야 함에 어찌 그대로 속연俗緣을 간절히 그리워하리오.

지금 이 순간 진욕塵欲을 즉시 버리지 못하면 다시 어느 때를 기다려 할 수 있으리오. 그래서 선성先聖이 말씀하시되 바로 이 순간 이 시각에 세연世緣을 다 없애길 바란다 하셨으니 능히 이 순간에 다 없앨 수 있다면 다시 무슨 번거로운 일이 있으리오.

하고자 하는 마음이 없으면 이끌어주시는 부처님과 조사님도 마치 원수같이 여겨지도다. 따라서 일체 세상사에 대해서 애써 무관심해야 하나니 그런 연후에라야 겨우 그쪽(그 자리)과 서로 감응할 수 있으리라.

여러분은 들어보지 못했는가? 은산화상은 죽을 때까지 사람을 전연 만나지 않았고 조주선사는 죽을 때까지 사람에게 끽다거喫茶去(차나 마시러 가라)외엔 거의 말을 하지 않았으며 편첨 선사는 도토리를 주워 식용食用했고, 대매 선사는 연잎을 엮어 옷으로 삼았으며 극부선사는 평생 종이 옷을 걸쳤느니라. 현태 상좌는 출세했어도 언제나 허름한 무명 옷 만을 입었고 석상 화상은 고목당枯木堂을 마련하고서 도반과 함께 종일 앉아서 정진하며 자리에 드러눕지 않으면서 해태심懈怠心을 버렸으며 투자 스승은 각자가 쌀을 마련하게 하여 함께 밥을 지어 함께 공양하여 다른 사람의 일품을 덜어주었느니라.

대대로 많은 현승賢僧들이 이와 같이 후학들에게 귀감을 보였으니 그렇게 하여 좋은 점이 없었다면 어떻게 기꺼이 행할 수 있었으리오.

　수자들이여, 이러한 이치를 몸소 잘 궁구하면 수행상 얻는 바가 틀림없이 클 것이며, 그렇지 못하면 한 단계 깨치기까지 힘이 필요 이상 더 많이 소요되리라.

　본 산승은 불도정진 수행 자세에서 후학들이 본받을 만한 것이 없으나 황송하게도 한 회상의 법을 주관하는 신분으로서 어찌 아무하는 일 없이 상주시주물만 축내면서 선대 고승들의 부촉을 져버릴 수 있으리오.

　옛 스님들이 사내 대중청규에 의하여 집행하는 모습을 바로 본받아 당장 이에 대중과 더불어 상의해 아래와 같이 정하나이다.

　다시는 하산하지 말 것이며 어떤 종류의 제청齋請에도 응하지 말고 여염집이나 가방街坊으로 화주로 나서지 말지니 오로지 본 사원에 귀속된 농지의 일 년치 세곡을 일 년 삼백육십 분으로 균분均分하여 나날이 꼭 정해진 하루치만을 취할 것이고, 다시는 사람 수에 따라 배정량을 가감해서는 안 되도다. 밥을 지을만하면 밥을 짓고, 그럴 여건이 안 되면 죽을 쑬 것이며, 그것조차 여의치 않으면 미음을 끓일지어다. 객승이 오면 간략히 차 대접만 할 것이며, 그들을 위해 우정 후원에 달리 불을 지피지 말지니라. 사내寺內에 다실을 하나 마련해두고 생각이 있는 자는 스스로 가서 끽다喫茶할지니 애써 일품을 덜고 전적으로 수도 정진해야 하느니라.

　인위적인 수행여건이 죄다 갖춰진 데다 주위 풍광조차 모자람 없이 뛰어나니 천자만홍千紫萬紅이 허드레지게 피고 새들은 우짖으며 목마木馬가 목 놓아 길게 울고 석우石牛가 껑충껑충 뛰어다니도다. 하늘높이 우뚝 솟은 산 정상엔 숲이 성기고 귓가를 스치는 계곡물은 소리가 없으며 고개 마루에선 원숭이가 우도다. 밝은 달빛아래 이슬이 촉촉이 내리고 숲 사이 어디에선가 학이 끼르럭 끼르럭 울며 상쾌한 아침나절 바람이 울창한 소나무로 향해 불어오도다. 봄에 훈풍이 일면 고목枯木에서 용이 울고 가을되어 날씨가 쌀쌀해지면 잎 떨어진 숲에서 꽃이 피며 아름다운 계단엔 이끼가 깔리고 사람의 얼굴엔 고요하고 아름다운 산색이 어리도다. 갖은 소리가 잦아드니 마음속의 번쇄한 갈등이 사라지고 줄곧 고요하고 한적한 심상心狀에서 무엇이든지 하고자 하는 작위作爲가 없어지도다.

산승山僧(도해선사)이 오늘 여러 수자 앞에서 말하노라.

현하, 수행가풍이 심히 혼탁하였으니 건당입실建幢入室한다거나 추퇴槌(선구의 일종)을 들어 올리고 불자拂子를 세우며 이리저리 할방喝棒을 잡고 눈썹을 치켜뜨거나 눈을 부라리는 등 하여 어찌 간질병이 발작한 것 같이 행세하리오.

실속 없이 형식만 차려서는 수자 자신이 보잘 것 없이 초라하게 보일 뿐만 아니라 옛 조사님들의 뜻을 져버리게 되도다.

수자들은 들어보지 못했는가? 달마대사가 인도에서 중국으로 건너와 소실산(소림굴)에서 구년을 하루같이 면벽하셨고 이조 혜가 선사는 법을 위해 눈 속에서 선 채 팔뚝을 베어 스승(달마)에게 바치는 등 갖은 고통을 다 했도다. 하지만 달마는 일찍이 한 마디 말도 하지 않았고 이조 혜가 승도 한마디 말도 묻질 않았으니 달마가 사람을 일체 응대하지 않음이 옳다고 여기는가?

이조 혜가 승이 사승에게 법을 묻지 않은 것이 옳은가?

산승이 고승들의 수행모습을 두고 얘기할 때마다 그에 미치지 못하는 자신을 두고 몸 둘 바 몰라 하며 후학 수자들의 수행력이 연약해진 것을 보고 부끄러워하니라.

게다가 아주 맛있는 음식으로 번갈아 공양하되 수자 자신에게 네 가지 공양(음식, 의복, 의약, 침구)이 갖춰져야 바야흐로 구도심求道心을 낼 수 있다고 하니 이러다간 수자로써 공양문제로 손가락 하나 까딱하지도 않을까 저어되며 정말 변천에 격세지감隔世之感이 들도다.

세월은 화살과 같아 시간을 아까워해야 하나니 비록 그렇다 해도 더욱이 모든 사문들은 오랜 시간을 두고 천천히 닦아 나가야 하나니 본 산승도 애써 억지로 짧은 시간에 걸쳐 수자들을 지도할 수 없도다.

여러 수자들이여, 저 옛 존숙尊宿들의 게송을 한 번 들어보시겠는가?

산밭에 심은 거친 조밥
빛깔 잃은 산나물 소금에 절여두고
끌리면 실컷 먹고
싫으면 관두렴
동도자同道者는 각자가 애써 수행정진하길 엎드려 바라노라
몸 보중保重 잘 하시라!

4. 나암 도추화상 법어

부처님이 자기 아들인 라후라를 훈계함에 게송으로 말씀하셨다.

시방세계 중생 중에서
혹 불성 몰록 증득하니
그들이 장부라면
너도 또한 그러한데
중도 포기 웬말이냐.

육법六凡(지옥, 아귀, 축생, 수라, 사람, 천상)과 사성四聖(성문, 연각, 보살, 부처)에 있어서 그 성품은 다 동일함에 나 또한 그러하니 바로 내외

內外로 공功을 쌓아 일생동안 그 공과功果를 누리거니와 아무 하는 일 없이 세월만 보낸다면 결국 누구의 허물이리오.

고덕이 운云하시대

이 생에 이 한 몸 제도 못하면

어느 생애 기다려

이 한 몸 제도하랴.

고 했다.

말을 끊고 문자를 버리며 티끌만한 번뇌도 부셔버려 수많은 경권經卷에서 벗어나라고 천태 지의智顗 대사께서 말했다.

일미진一微塵이란 것은 중생의 망념을 가르킴이요, 대천경권(많고많은 경권)이란 중생의 불성을 의미하는 것이도다.

중생의 불성이 망념에 의하여 덮여졌으니 망념을 없애면 불성이 절로 앞에 나타나리라.

이 노승(도추 선사)이 문자언어를 고집하는 자를 위하여 이렇게 문언에 기한 즐거운 교화문을 세우니 이 역시 큐레트Curette로 안막眼膜을 긁어내는 의미에 지나지 않도다. 다른 날에 법안法眼이 열리면 그때서야 불법에 대해 힘을 얻게 된 것을 문득 깨닫게 되리라.

어떤 도둑놈이 부처님의 복식服飾을 빌려 입고 여래를 팔아가며 갖은 나쁜 업을 짓는가? 라고《능엄경》에서 말씀하셨다.

만약 계율戒律로서 머트로운 마음을 거둬들이지 않는 자라면 설령 불조와 같다고 할지라도 여래를 팔아 종종 악업을 짓는 걸 면치 못함인데 하물며 평범한 사람에 있어서랴. 청량징관 국사께서 열 가지 원력으로 자기 자신을 단속한 것(十種戒)은 진실로 그럴만한 이유가 있었도다.

계戒란 삼가고 조심하는 마음을 기본으로 삼으며 마음을 깨끗이 하고 그런 상태로 견지함을 재齋라 하며 장차 근심될 일을 미리 막는 걸 계라 하도다.

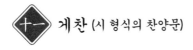

十一 게찬 (시 형식의 찬양문)

1. 백 시랑(거이)
육찬게 병서 (유찬게와 서문)

백낙천(거이) 향산(낙천의 자호) 거사는 평소 소원所願하는 바가
있었도다.

금생에 세속의 문장력으로써 바로 내세를 위해 불승을 기리고
법륜을 굴리는 인연을 짓고자 함이로다. 이제 내 나이 칠십여 세에
늙고 병들어 내세가 그리 멀지 않나니 짐짓 육편의 게송을 지어 삼
보전에 삼가 바쳐 이것을 인연해서 내세 작복의 기본으로 삼고자 함
이니라.

① 찬불(부처님을 기리다)

시방세계 천상천하

내 지금 다 알아봐도 부처님 만 한 게 없더라.

당당하고 우뚝 솟은 기품 인천의 대도사시라.

내 이제 님의 발에 절하고 찬탄 의지하노라.

② 찬법(법을 기리다)

삼세 간 천만억불

법으로 성불했고 법 또한 경에서 나오니 이게 바로 법륜이며 보
장寶藏이라네. 내 이에 합장하며 그 공덕 중생께 회향하여 자타일시
성불自他一時成佛코자 하나이다.

③ 찬승(스님을 찬양하다)

연각, 성문, 제대사문

인업因業은 다하고 과업果業은 성만盛滿되어 중생의 존장尊長이
라. 육화六和정신에 (동계화경同戒和敬, 동견화경同見和敬, 동행화경同行和
敬, 신자화경身慈和敬, 구자화경口慈和敬, 의자화경意慈和敬) 바탕하여 무상
도를 구할 새 내 이제 머리 숙여 승보께 합장하느니라.

④ 찬 중생(중생을 찬양하다)

우둔한 범부여, 근심 고통 속의 중생이여, 사생四生(태, 난, 습, 화)
의 일체 유정물이여 선근을 심으면 불과를 이루리라. 내 그대를 존경
하오니 그대 자신 스스로를 존경할지어다.

⑤ 참회

아득한 세월에 걸쳐 지은 죄업들 가볍기도 무겁기도 크기도 작기도 해라. 내 이제 그 근원을 찾아보니 중간과 안팎 두루 찾을 길 없나니 이를 일러 참회라 하네.

⑥ 발원

번뇌를 맹세코 끊겠으며 열반을 맹세코 증득하겠으며 불도를 맹세코 이룩하겠으며 사생을 맹세코 제도하겠나이다. 부처님이 이 세상에 현신現身하실 적에 내가 먼저 친견하여 법문을 듣고자하며 부처님이 멸도 시 내가 최후로 공양을 올려 내세의 기별記莂(성불 예정참언)을 받고자 하나이다.

2. 사마 온공 해선게

(禪을 풀이함)

문중자(隋대철학가, 王通之號)는 부처님을 서방의 성인으로 여긴다 하였으니 진실로 문중자의 말이 옳다면 부처님의 마음을 알 수 있음 직 하도다.

오늘도 선禪이라고 하는 말은 아주 은밀한 말로서 그 뜻을 명확히 알지 못해 범어梵語와 중어中語 상 큰 뜻을 나타내는 음소音素를 따서 합성하여 그 뜻을 드러냈으나 학자들이 어떻게 할 줄 몰라 중생들로 하여금 더욱 미혹되어 사리에 어두운 경지로 빠져들게 하는 지라 내 이제 문중자의 말을 상세히 풀어서 '해선게' 육수六首(선을 유가儒家 사상으로 풀이함)를 짓고자 하느니라. 만약 내가 바라는 대로 여러분들이 실천한다면 비록 중국에서도 수행할 수 있나니 구태여 어찌 서방(인도)을 필요로 하리오. 실행하지 못하면 나도 어찌할 수 없는 바이도다.

분노는 열화와 같고 재화를 탐하는 마음은 날카로운 칼날과 같나니 아침나절 내내 늘 근심하고 두려워함을 아비지옥이라 하도다.

안희는 누추한 집에서 살았고 맹자는 호연지기浩然之氣를 길렀으며 부귀를 뜬구름마냥 여겼나니 이를 일러 극락이라 하느니라.

부모에게 효도하고 형제간에 우애友愛하면 그 마음이 천지신명에 통하고 충성과 신의는 만맥(야만족)에서도 행해지니 선을 쌓으면 온갖 상서로운 일이 찾아드니 이를 일러 인과(연)을 짓는다 하도다.

언어는 백대의 스승이요, 행위는 천하의 법이니라. 오래오래 자기 잘못을 숨기지 않아야(수행을 잘해야) 결국 자기를 망치지 않느니라.

인仁은 사람이 편히 머물 수 있는 집이요, 의義는 사람이 걸어가는 바른 길이라. 행이 성실하고 불변하면 이를 두고 불신佛身이라 하느니라.

도덕으로 한 몸을 닦고 공덕을 만물에 미치게 하면 현인과 성인이 되나니 이를 일러 불보살이라고 하도다.

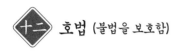

1. 한 현종 개불화(以佛化度) 법본내전
(불교, 도교 영검록집)

내전에 이르되 명제 영평 십삼 년에 주상의 꿈에 신인이 나타남에 금빛 몸에 신장이 자그만치 십육 척이나 되고 목둘레에 광명이 나거늘 잠에서 깨어나 모든 신료들에게 하문하시기에 신하 부의가 대답하길 어떤 부처가 천축에 탄강誕降하셨다고 아뢰니 곧장 사신을 파견하여 불경과 성상 그리고 범승梵僧 두 분을 함께 모셔왔느니라.

황제가 곧장 절을 화려하게 짓고 나서 천대의 수레에 일만의 기병을 붙여 불당佛堂을 세 번이나 돌게 했으며 또한 남궁 청량대(지명)와 고양문상(지명)과 현절능소(명제의 壽陵) 벽에 부처님의 입상立像을 그렸고 또한 사십이장경을 구해 난대(왕실문고)의 석실에다 넣어 봉하였으니 상세한 사연은 내전에 수록된 바와 같도다.

　모자(后漢時人, 牟融 저) 소현전에 그때 사문인 가섭, 마등 축법란이 있었으니 그들의 법품과 언행은 알기가 어려울 정도였고 불법교화에 뜻을 두었다하니라. 체음이 사신으로 가서 가섭, 마등 일행을 중국으로 함께 갈 것을 청함에 그들은 지역을 가리지 않고 사신을 따라 낙양에 닿아 세상과 인심의 원리를 사람들에게 깨우쳐주고 믿음의 근본인 마음을 존숭해 밝히게 했다.

　제왕이 물었다. 법왕인 부처님이 세상에 출현하셨는데 어찌 그 교화가 이곳 중국까지 미치지 못하오?

　가섭, 마등이 대답했다. 가비라위국(실달다태자 탄생국명)은 삼천대천세계 백억 일월 중에서 중심이 되는 곳이외다. 삼세제불이 모두 그곳에서 탄강하셨고 이어 천룡 귀신과 원력과 수행력을 갖춘 자들도 모두 그곳에서 태어나 부처님의 바른 교화를 받아 불도를 깨치게 되었느니라. 하지만 여타 다른 곳의 중생들은 부처님을 감응感應하지 못하는 연유로 부처님이 무감응처로 가지 않나외다. 밝은 빛이 닿는 곳이라면 혹 오백년, 일천년 그리고 이천년이란 시간이 걸리는 밖이라도 그곳에 다 성인이 계셔 부처님의 교법敎法으로서 그들을 교화제도하고자 널리 교리의 뜻을 설하시나니 글이 번잡하므로 여기선 이만 간략히 줄이니라.

　법보대전에 아래와 같은 사실이 전해지도다.

　영평 십사 년 정월초하루 오악 제산의 도사들이 천자를 알현한 자리에서 자기들끼리 천자에게 아뢰길 천자께서는 가까운 우리의 도

법을 버리시고 멀리 오랑케교를 구하시니 금일 이렇게 조정에 모여 항표극론抗表極論하옵니다. 라고 하였으니 그 표문에 간략히 이르길 오악 십팔산관, 태상 삼동제자, 저 선신 등 육백구십 인은 죽을죄를 무릅쓰고 진언하옵니다.

신臣이 듣기로 아주 오랜 옛날 천지는 형체도 없고 빛도 없고 한량이 없고 보다 더한 것도 없고 아무 것도 없이 텅 비어 스스로 그러할 뿐이었나이다.

대도大道(도교)는 천지간에 만물이 조화되기 전에 만들어져 옛부터 다함께 준봉했으며 여태까지 어느 천자께서도 이 도道를 바꾸지 않았사온데 금일 폐하께서는 도道가 희황羲皇보다 더 뛰어나게 넓으시고 덕德이 요순보다 높으시면서도 근본을 버리시고 지말枝末을 추구追求하사 인도의 불교를 용납하신다 하오니 섬기는 것은 오랑케 신이요, 하는 말이 중국과 다르나이다. 폐하께서는 신臣들의 죄를 용서하시고 한 번 불교와 도교의 영험을 시험하게 해 주옵소서.

신臣 등 제산諸山 도사들이 얼마나 멀리보고 얼마나 멀리 듣는지 그리고 얼마나 각종 경서에 밝으며 또한 시조 천자로부터 전해온 온갖 기록물과 천지간의 주술에 숙달정통하고 귀신을 맘대로 부리며 안개와 기운을 들이키고(신선술) 불 속에 들어가도 타지 않으며 물 위를 걸어도 빠지지 않고 한낮 중인환시리衆人環視裡에 하늘을 날아오르고 몸을 숨기기도 하며 방술方術(의술, 점술 등)에 이르기까지 능하지 않음이 없사오니 한번 저들(불교도)과 비교해 봐 주옵소서.

그러하면 첫째 성상聖上의 마음이 편안하실 것이고, 둘째 진위를 판별할 수 있을 것이며, 셋째 대도大道로 지향하는 바가 뚜렷하게 될 것이며, 넷째 중화의 미풍양속을 어지럽히지 않을 것이옵니다.

도교가 불교와 대비하여 못하다면 엄중한 처결을 맘대로 하시옵고 도교가 승리하게 되면 허망한 요술을 제거해 주옵소서.

조칙詔勅으로 상사령(관직명)인 송상에게 장락 중에 들게 하여 그 달 보름날에 백마사로 도교, 불교관계 도사들을 다 모이게 했다.

도교측은 삼단을 설치하여 단엔 삼십사문을 달리 마련하였다.

남악도사 저선신과 화악도사 유정념, 항악도사 환문도, 대악도사 초득심, 숭악도사 여혜통, 곽산천목, 오대, 백록 등 십팔산의 기문신 도사 등이 각자 진귀한 보물과 도경(도교의 각 전적) 그리고 무상의 뛰어난 비방서祕方書, 삼원부록三元符錄(천지인에 대한 예언서) 등 오백구권을 가지고 와서 사단祠壇에 안치하고 모성자, 허성자, 황자, 노자 등 이십칠 대가들의 서책 이백오십 권을 중단에 비치하고 뭇 신주님께 제사 올릴 제수祭需는 동단에 설치했다.

임금이 머물 임시 전각은 백마사의 남문 녘에 짓고 불사리와 불경과 불상은 길 서쪽 편에 마련했다.

15일간에 걸친 제도齋禱를 마치고 도사들이 억새풀 섶에 질 좋은 전단향 목을 섞어 횃불을 만들어들고 경상經床을 돌며 읍소泣訴하기를 신臣 등은 태극대도太極大道(우주 만물 근본도), 원시천존原始天尊(도교 제일신)과 중선백령衆仙百靈(많은 신선과 신령님)에게 아뢰옵나이다.

이즈음, 오랑캐 신神이 중하를 어지럽히고 주상마저 삿된 신을 믿어 바른 교가 사라지고 도교의 가르침이 점차 쇠퇴함에 신臣 등이 감히 이렇게 단상에 경적經籍을 쌓고서 불로써 시험하여 어리석은 마음들을 깨우쳐 진위를 판별케 하고자 한다면서 곧장 배열해 놓은 서책에 불을 지르니 경經들이 불을 따라 죄다 타서 끝내 허망하게 재가 되고 말았도다.

이 광경을 바라보던 도사들이 서로를 넋 잃은 듯이 바라보면서 아연실색俄然失色한 나머지 두려워하는 기색이 역력했다. 그래서 순간 하늘을 뛰어올라 몸을 숨기고자 하여도 그럴만한 힘이 없었고 주술로 귀신을 부리고자 하는 자는 계책을 소리 내어 외쳐도 이에 귀신이 호응하지 않자 각자가 부끄러워 몸 둘 바를 몰라 했나니 남악도사비 숙자 같은 이는 이런 사태에 너무나 실망한 나머지 그 자리에서 죽음을 선택했다.

태보(관직명)인 장연이 도사 저 선신을 보고 말했다. 경들이 시험한 것은 아무런 영검이 없어 거짓되고 미덥지 못한 걸로 판명되었기에 이제부터는 인도에서 온 진법眞法을 따름이 옳으리라.

저 선신이 모성자중에 이르길 가장 뛰어난 것을 신령하고 보배로운 신선님(도교신)으로 여김이 바르고 천지만물의 창조가 비롯됨은 태소太素라 하였나니 이것이 어찌 이치에 안 맞는 말이라 하리오.

태보인 장연이 대답했다. 태소성太素性은 덕德(만물 포용력)을 무언중에 소중히 여긴단 말이 있지 말로써 구체적으로 가르친다는 말은 없거늘 이제 그대들은 말로 구체적으로 가르침이 있다하니 그것은 다 허망한 짓이니라. 이 말에 저 선신은 입을 다문 채 아무 말이 없었도다.

그때에 불사리는 오색으로 찬란하게 빛나며 공중으로 쭉 뻗어 올라 일산같이 빙글빙글 돌면서 그곳에 모여 있던 대중 위를 두루 덮는가하면 중천의 햇빛을 가리니 마등 법사는 몸을 솟구쳐 하늘높이 날며 공중에서 눕고 앉는 등 온갖 신통변화를 다 보였도다. 때맞춰 하늘에선 아름다운 꽃이 비 마냥 불상과 스님들 머리위로 흩날리고 하늘에선 아름다운 선율이 들려 사람들의 마음을 한껏 감동시켰도다. 대중이 기뻐 어쩔 줄 몰라 한 나머지 이런 일은 일찍이 있어본 바가 없는 일이라고 감탄하고 모두들 법란 법사 주위를 돌면서 법문을 청했도다. 곧장 법란 법사는 불음佛音을 토해 불 공덕을 찬탄하고 또한 대중으로 하여금 삼보를 찬양케 했도다.

선악 업을 지음엔 빛의 그림자처럼 다 과보가 따르고 육도삼승六道三乘(지옥.이귀.축생.수라.인.천.성문.연각.보살)에 걸쳐 모든 모습에 항상 함(常者)이 없고 출가공덕은 그 복이 복 중에서 최고요, 사우寺宇 불사 공덕은 대범천왕의 복과도 같도다.

법란 법사가 법문을 마치자 사공(관직명)인 양성후(양성지역 맡은) 유준은 벼슬아치, 선비 및 일반 서민 등 천 여인들과 더불어 출가했고 사악제산의 도사 여혜통 등 육백삼십 인이 뒤따라 출가했으며 음부인(경, 대부의 처)과 왕의 첩여(궁중여관) 등 일반 궁인 부녀 등 이백삼십 인이 출가함에 따라 곧장 십여 개소에 사원을 세웠으니 그중 칠 개소는 성 밖에 지어 비구들이 머물게 했고 3개소는 성 내에 세워 비구니들이 거하게 하였으니 이로부터 불세佛勢가 날로 융성하였다.

〈법본내전〉은 모두 다섯 권으로 되어 있지만 여기선 간략히 줄여서 다 쓰지 못하니라. 이 책이 근간에 출간됨에 따라 처음부터 도교와 불교 간에 영험력을 겨루어 보았다는 사실이 있었는지 어떤 이는 의심했지만 오서呉書를 살펴보니 비숙자가 분하고 원통함에 못 이겨 죽었다는 사실이 밝혀져 법본내전이 실록임이 밝혀졌도다.

2. 수 고조 문황제 칙문

(황제가 내린 불교 진흥문)

　　황제는 광택사의 지의 선사에게 삼가 묻노라. 짐이 삼가 불교를 믿는 마음이 지중하여 지난날 주나라 무왕 시에 불법을 훼손했기에 짐朕이 이제 발심하여 원력을 세워 다시 불법을 보호 유지토록 함에 하늘로부터 명을 받아 거듭 불교를 부흥시키고 또한 신기한 힘에 의지하여 법륜을 다시 굴리게 되니 시방 중생들이 다 함께 이익을 얻게 되었느니라.

　　헌데 근래에 진陳나라가 잔인 포악하여 온 나라 백성이 노역의 고통에 견뎌내지 못할 지경이라. 내(황제)가 장군에게 명하여 군사를 출정시켜 백성의 고통을 덜게 했으니 천지는 다시 평화롭게 되고 도

속道俗이 평안하니 짐朕의 뜻에 심히 흡족하도다. 짐이 정법을 존숭하여 창생蒼生을 고통에서 구제하고 피안으로 인도함이 끝없게 하고자 복전인 불도가 영속하길 바라느니라.

대사大師(지의 대사)는 세연世緣을 벗어나 불도로 자신을 닦고서 남을 교화하시니 우선 힘써 승풍을 진작시켜 사문들이 금계禁戒를 지켜보는 자로 하여금 공경하고 순종케 하며 듣는 자는 선한 마음이 일어나게 되어 비로소 대도에 부합하는 마음이 되도다.

이것이 바로 출가의 본업이거니와 만약 몸에 도복을 걸치되 마음으로는 그대로 속진에 머물러 있다면 중생들이 귀의할 수 없을 뿐만 아니라 미묘불비微妙不比의 불법이 다시 훼손될까 저어되니 의당 서로 간 권장 격려하여 짐의 바라는 마음을 흡족케 할지어다.

봄날이 되어 날씨가 차츰 따뜻해지는 차제에 대사의 법체는 어떠하신지?

개황 십년정월 십육일 내사령 안평공신, 이 덕림은 선포하고 내사시랑 무안자 신臣이 원조는 영을 받들고 내사사인 배구는 봉행하다.

3. 진왕 수受보살계 소

(보살계 수지 청원문)

사지절使持節(파견 사절), 상주국(벼슬명), 대위공(군사 벼슬직), 양주총관 제군사, 양주자사를 역임한 진왕의 자제였던 양광은 시방삼세제불, 본사석가여래, 미래불인 미륵보살, 일체존경무량법보, 초심 이상 금강이하 제존대권대보살, 벽지연각, 자력해탈득도자인 타심통안을 얻은 이십칠 현성賢聖, 그리고 삼유(욕계, 색계, 무색계)의 최고위의 십팔 범왕, 육욕천자, 제석천왕, 사대천왕과 천선용신天仙龍神이 공중으로 날아올라 몸을 숨기기도 하고 나타내기도 하면서 세계를 맘대로 주관하며 큰 이로움을 행하고 절을 시키며 불법을 위호하고 신명을 방호하며 정계淨戒를 잘 호지하는 무량한 선신들께 삼가 머리 숙여 청하옵니다.

　모두가 한 순간에 부처의 위신력을 받자와 도량에 모두 모였으니 제자들의 서원을 증명해주시고 제자들이 받드는 선한 공덕을 받아주옵소서. 은연중에 일어나는 분별심이 바로 여래성(佛性)이건만 무명에 엄복掩覆(뒤덮임)되어 바로 이 순간 밖으로 나타나지 않도다. 바른 도리에 맡겨야 하지만 사물이 극에 달하면 반전되고 그 과보를 나타내고자 함엔 반드시 그에 따른 인행因行을 쌓아야 하나니 이로 보건대 부처님도 다 겁에 걸쳐 생사를 거듭하면서 인행을 쌓은 것은 초목으로 산가지를 삼아도 이루 다 셀 수 없고 항하의 모래를 다 모아 계산한다고해도 진실로 다 헤아리기 어려우니라.

　깊이 번뇌에 물이 들고 나서야 비로소 그것이 싫어져서 끊으려고 하나니 법왕이 깨우쳐 주시매 근본적으로 교화된 보살은 일출日出에 높은 산을 먼저 비춤(상승 근기를 먼저 제도함)과 같도다. 상대의 마음에 맞춰 각종 방편을 쓰는 것은 저 뭍의 여러 갈래 물이 모두 대해로 흘러듦과 같도다.(교화의 궁극목표는 사각使覺에 있음)

　진왕제자는 오랜 세월 적선積善의 결과로 이 생에 황가에 태어나 가정교육이 보다 일찍 행해져 태교부터 행해졌으며 장성함에 따라 행복과 녹봉(벼슬에 따른 수입)이 풍성했도다.

　도의 미묘한 고동(要旨)을 반드시 깨닫고 나서 소승의 영역에서 부끄럽게 헤매기보다 대승의 바다에서 한가롭게 노닐고자 하오며 제반 방편문을 기꺼이 그치고 바로 저 언덕으로 건너가고자 서원하나이다.

　다만 보살의 만행 중에서 계戒를 지켜나가는 것이 선근의 우선이며 보살이 십중금계(十戒)를 오로지 행지行持함이 가장 수승하니 마치 궁실을 축조함에 반드시 먼저 대지坮地가 마련되어야 함과 같나니 함부로 허공에 가설하면 끝내 이룩하지 못함과 같나이다.

내 이제 또한 어리석음을 헤아리지 않고 묻노니 공자, 노자, 석가가 다 사람들의 인격형성을 돕는지라. 행동거지에 법도가 없으면 누가 바로 그대를 우러러 보리오. 진실로 부처님은 본시 인천人天의 도사이시고 문수보살은 은연중에 조도사가 되시니 반드시 스승의 힘을 빌려서 성인의 가르침을 분명히 전하게 되느니라. 그리하여 가까이서부터 먼데에 이르기까지 중생들이 감화되어 드디어 성리聖理를 깨닫게 될지어다.

상제보살은 법기보살회상에서 반야사상을 전심전력으로 배웠으며 선재동자는 구법求法을 위해 일신一身을 잊었으니 상세한 사연은 경전에 실려 있느니라. 어찌 감히 억설臆說하리오. 부처님의 말씀을 깊이 믿어 그 뛰어난 가르침을 따를지어다.

천태 지의선사는 불법 문중에서 아주 뛰어난 스님이라. 어릴 때 출가하여 계행이 원만 깨끗하였으며 세수 60여 년에 이르러 선정禪定에 의한 마음이 맑고 고요하였으며 고요심에서 지혜를 발하여 구변이 걸림 없었도다. 일상에 항상 남을 먼저하고 자기를 나중에 하는 것으로 한없이 하심 함에 따라 법품이 훌륭하다는 소문이 널리 퍼졌도다. 제자 양광은 성실 경건한 마음으로 멀리 있으면서도 사모한 나머지 배를 내어 멀리까지 나가 맞이하기도 했으니 서로 간 약속이 어긋날까봐 저어하여 갖가지 요청을 하기도 했도다. 드디어 대사께서 본지에 당도하신 후 내려주신 법문으로 인해 마음의 문이 확 열리고 마음에 드리웠던 구름과 안개가 싹 가셔서 번뇌가 일시로 사라졌나이다.

삼가 이제 개황 11년 11월 13일을 기하여 본부격인 금성에 천승千僧을 위한 제공齋供을 배설하고 삼가 선사에게 몸을 굽혀 보살계를 받고자 원하옵니다.

계를 뜻으로 보면 효孝(또는 制止: 짓고 그침)라 하니라. 권지權知(방편지)와 실지實知를 다해 수승한 복덕을 다 기울여 지존하신 천자에게 충성을 다하여 결과적으로 국토를 장엄하고자 함과 같도다. 그리하여 궁극적으로 여래의 대자대비와 같게 하며 부처님의 자비행각을 넓혀 사생(태, 난, 습, 화)을 독자獨子같이 평등하게 대하겠나이다.

제자 양광은 나후라(부처님의 아들)와 같은 업을 심어 세세생생토록 바로 불가佛家에 태어나되 일월등명불의 여덟 왕자와 대통승지불 왕자 중의 십육 사문과 같아지이다. 친척 된 인연으로는 법을 이룬 무리로써 유루有漏(번뇌)를 다 벗어나고 무위지無爲地에 이르게 하겠나이다. 육바라밀을 빠짐없이 닦고 사무량심(慈悲喜捨)으로 사생을 편히 온화하게 하며 한없는 중생을 남김없이 다 제도하고 처음 발심 시에 굳은 서원을 세워 마침내 대비심으로 중생의 어려움에 지체없이 다가가서 그들의 요구를 남김없이 수용처결하여 필경엔 허공과 같게 하리다. 불도를 구족하고 불위佛位를 성취하여 처음의 원력을 남김없이 이루고자 하나이다.

제자 양광은 합장배례 하나이다.

4. 양황제 사도 사불조

(도교 버리고 승불하란 조칙)

양 고조 무황제는 세납 34살에 즉위하여 재위 49년 동안 정무가 많았으나 손에서 책을 뗀 적이 없이 내외경전을 섭렵하고 수천여 권을 풀이하였으며 일상생활도 검약하고 절제하여 화려한 비단옷들을 몸에 걸치지 않았으며 침실은 장식도 없이 검소했다. 이렇게 주야로 게으름을 피우지 않고 애써 거친 무명 옷, 완골자리, 짚신, 갈잎두건을 착용했다.

황제에 등극했어도 이 같은 자세를 여전히 견지해 나날이 일종식日終食하면서 비린내 나는 육식을 영원히 끊었나니 정말 제왕으로써 이같이 행行하기가 정말 어려우니라.

황제가 옛날엔 한때 노자사상을 신봉하여 주술책을 숭상했으나 그 근원을 돌아보니 터무니없는 짓이라. 친히 붓을 잡고 도참술을 버리라는 조칙을 천하에 하달했다. 조칙 내용은 아래와 같도다.

천감(년호) 3년 4월 8일 양국 황제는 난릉인으로 성은 소蕭요, 이름은 연衍이니 시방존불, 시방 존법, 시방 성승에게 머리 숙여 합장배례 하옵니다.

삼가 생각해보니 보리심을 발하기만 하여도 바로 불심이 된다고 경서에서 말하고 있나니 그 외 여러 이로운 점들일랑 이루다 비유할 수 없도다.

능히 중생으로 하여금 삼계의 고해에서 벗어나 무위의 수승한 길에 들게 하심이라. 그래서 중생으로서 번뇌가 다하고 지혜가 쌓여 결국 깨침을 이루니 지극한 도는 뭇 기근機根에 통하고 덕이 원만하여 성스럽게 되도다. 그런 연후에 지혜의 횃불을 밝혀 어둠을 밝히고 법륜을 굴려 사바국토를 깨끗하게 하나이다. 부처님은 하늘 한가운데 상서로운 조짐을 보이시고 신령스러운 위의位儀는 일월성진日月星辰보다 더 밝게 빛나이다.

욕해欲海에 빠져 허우적거리는 많은 미혹迷惑한 중생들을 제도하며 많은 중생들을 열반의 저 언덕으로 인도하고 상락常樂의 저 높은 산을 오르게 하여 애욕의 깊은 강에서 뛰쳐나오게 하시도다.

식자識者가 하는 말은 사구분별(有, 無, 亦有, 亦無, 非有 非無)에 어긋나고 백비百非(부정의 극치)가 없도다.(논리성 결여)

부처님이 사바세계에 화현하사 정반왕을 통해 왕궁에서 탄생하신 후 삼계(욕계, 색계, 무색계)에서 유아독존唯我獨尊하다고 하셨다. 부처님이 연좌宴座하신 보리수나무에서 빛이 나 대천세계를 두루 비추셨지만 미망한 중생은 간교한 마음에 식견이 천박하여 쉬이 싫증을 내거나 게으름을 피우기 마련이라. 끝내 무연중생無緣衆生을 다 섭화攝化할 수 없음을 아시고 부처님 당신께서 스스로 기일을 정하신 이 월에 열반지인 구시나가라 성의 쌍림 숲에 이르러 그와 같이 원만하고 영원불변의 진리(열반경)을 조용히 설하시고 나서 곧장 당신의 광채를 거두셨느니라.

왕위를 살부찬탈殺父簒奪한 과보로 온 몸에 창질瘡疾을 앓고 있던 아사세 왕이 부처님을 뵙고 참회함에 따라 역죄逆罪가 소멸되고 부처님이 이 세상에 현신하시기 전 불선업不善業을 저지른 과보로 지옥에 떨어진 파수가 부처님의 위신력으로 지옥고를 면하게 되었도다. 만약 일생을 통하여 부처님을 만나지 못했다면 누가 능히 이같이 가까이서 구제 받았으리오. 도道의 자취는 비록 보이지 않지만 그것을 애써 찾으면 사람을 저버리지 않느니라.

제자인 소연(양국 황제)은 천성이 둔하고 어리석어 일찍이 도교를 깊이 믿고 대대로 받들어오면서 이런 삿된 법에 물이 들어왔으나 여태까지 익혀온 인업因業을 잘 발하여 미견迷見을 버리고 정견正見으로 돌아갈 줄 알았음이라. 내 이제 구의舊醫(도교)를 버리고 정각자이신 부처님에게 귀의했으니 원컨대 미래세엔 동남童男으로 출가 수행하여 불법을 널리 펴고 중생을 제도하여 다함께 성불되게 하겠나이다.

차라리 정법을 지향指向하면서 도중에 악도에 오래 빠질지라도 도교에 의지해 잠시 생천生天함을 즐겨하지 않고 대승심으로 깊이 들어가 이승심二乘心(소승심: 자기만의 성불심)을 멀리 여의리라.

정작 원컨대 제불이 이를 증명 하옵시고 제 보살이 잘 보살펴주사이다.

제자 소연은 합장 배례하옵니다.

5. 인종 황제 찬 삼보문

(삼보를 기리다)

① 찬불

천상천하에 금선金僊(부처님의 별호)이신 세존 하, 일심에 열 가지 명칭이라. 사지四智(대원경지, 평등성지, 묘관찰지, 성소작지)와 삼신(법신, 보신, 화신)으로 오음(색 수 상 행 식, 곧 자기의 번뇌)을 다 제도하시고 육진(색 성 향 미 촉 법)을 초탈하셔서 중생들이 귀의공경歸依恭敬 함일세. 이를 일러 능인能仁이라 하도다.

② 찬법

모든 법은 오직 마음에서 비롯하나니 마음은 본시 지극히 고요함이라. 이 한 마음으로 인해 온갖 언행이 생기나니 각覺을 등지면 망상妄想이고 진眞을 깨치면 바로 성인이라. 법보에 머리 숙여 불성을 밝히리라.

③ 찬승

육도(육바라밀) 수행에 게으름이 없고 사은四恩(부모은, 사장은, 국왕은, 시주은: 은혜갚을 대상)은 항상 머물지 않느니라. 사람에 귀감이 되고 부처님을 도와 도피안到彼岸의 길라잡이가 되도다.

몸에 일미법우一味法雨가 젖어들고 마음엔 뭇 향이 스며드나이다.

6. 송 문제 집 조제 논 불교
(조정 제상 모아놓고 불교를 논함)

문제는 송나라 고조의 셋째 아드님이시니 천성이 총명하고 재주가 출중하여 많은 독서로 널리 사리에 통달하사 주위사람들이 늘 그를 영달令達(아주 뛰어남)이라고 불렀도다.

문제 재위 30여년에 일찍이 여가를 이용해서 시중(벼슬명) 하 상지와 이부吏部인 양현보를 조용히 바라보면서 말씀하시기를 짐이 어려서부터 읽어온 경적이 그리 많지 않은데 이즈음은 더욱 여가가 없느니라. 삼세인과사에 마음을 기울이나 그 의미경계를 분명히 알지 못하면서도 감히 다른 도리를 내세울 수 없는 것은 정말로 경들과 같은 이 시대의 수재들이 불도를 경신敬信하기 때문이라고 하였도다.

범태와 영운승이 늘 말하길 육경(역, 시, 서, 춘추, 예, 악)의 내용은 본디 백성을 구제함을 근본으로 삼음에 있다면 반드시 정신상 참되고 심오한 것을 구해야 할 터인즉 그렇다면 어찌 불리佛理로 지침指針을 삼지 않나이까? 했다.

근래에 보아하니 하승천이 지은 석교비방조의 달성론에 대하여 안연지가 논박한 석달성론과 사문 혜림이 위장 출가한 신분으로서 백흑론을 지어 불법을 헐뜯음에 종병이가 지어 반박한 난백흑론은 불법이 특히 논리적이고 또한 사람의 마음을 도와 깨우치게 할 수 있음을 잘 알려주고 있도다.

온 천하에 불도로서 교화에 힘쓴다면 짐은 아무 하는 일 없이 태평성세를 보리니 그 외 달리 다시 무슨 일을 할 필요가 있으리오.

하상지가 대답해 아뢰었다. 많은 무리들이 불법을 다분히 믿지 않나이다. 신臣 등이 지쳐 쓰러질 정도로 애써 일함으로서 그에 따라 포창과 견책을 받으니 감히 불도를 마주할 겨를이 없나이다. 전대의 많은 영재들을 두고 말하면 결코 훌륭한 조칙詔勅을 져버린 적이 없나이다.

중조(서 쯥)은 그 시대가 너무 멀어 그 당시의 실정을 다 알아보기가 어려우나 사마예司馬睿(동진 초대왕명)가 강을 건너 건강(남경)에 도읍을 정한 이래 왕도, 주의, 유량, 사몽, 굉초, 왕탄, 왕곡, 왕밀, 곽문거, 사부, 대규, 허순 및 망고조 형제와 왕원빈 형제, 범왕, 손작, 장현, 은의 등 이들 중 혹자는 당대의 뛰어난 재상이었고 혹자는 세상 사람들의 사표師表였으며 혹자는 우주와 인생에 뜻을 두었고 혹자는 깊은 산골에 자취를 감추고서 간혹 의중의 뜻을 주상에게 말씀드리기도 하며 불도로 귀의해 믿기도 했다.

이상의 명사들을 대조 비교컨대 법란승, 축법호승, 우법개승, 축도잠승, 법심승, 지둔승, 법숭승, 도수승 등과도 필적되는 인물이라 할 수 있나니 모두가 도광양회韜光養晦의 경지에 머물러 도저히 그 법량을 헤아릴 수 없는 사람들이었도다.

혜원 법사가 일찍이 말하기로 석씨의 교화는 잘못된 바가 없다고 했으니 도道로 나아감에 진정 진리의 근원에서부터 시작해야 하거니와 백성 구제를 또한 중요한 일로 삼아야 한다고 하나니 혼자 이 말씀의 내의內義를 요리조리 따져보면 이치의 근본에 계합하도다.

가가호호家家戶戶 계戒를 받들어 지키면 죄가 그치고 형벌이 없는 깨끗한 세상이 되리니 폐하께선 가만히 앉은 채 태평성세를 도모할 수 있다는 성군의 말씀과 같나이다.

양현보가 아뢰길 이 말씀(불도)은 천지간에 제일인데 어찌 신臣 등이 싫어할 수 있으리오.

가만히 살펴보건대 진秦나라와 초楚나라는 강병强兵문제를 논하였고 손무孫武와 오기吳起는 병법에 대해서 죄다 말했으니 앞으로 이에서 더 취할 것이 없도다.

문 황제가 윤언綸言하시대 이 도道(불도)는 전쟁의 병기가 아니라 진실로 경卿의 말과 같도다.

하상지가 대답해 아뢰었다. 은밀히 편안만을 도모하면 전사戰士가 나태해지기 십상이고 어진 덕만을 귀히 여기면 병사의 사기가 떨어지니 만약 손오의 정신으로 무장하여 적어도 한나라를 병탄해버리면 요순의 도도 다 필요가 없어지거늘 어찌 불교뿐이겠나이까?(악이 득세면 선이 잠시 어쩔 수 없음)

황제께서 윤언하사대 석문에 경(하상지)이 있는 것은 공문에 자로子路가 있는 것과 같나니 이른바 악언惡言은 애초부터 귀에 들리지도 않을 사람이니라.

이로부터 문 황제는 불경탐독에 온 마음을 다 경주하셨고, 혜암승과 혜관승 등 여러 비구들을 만나서는 곧장 도道의 이치를 논함에 누차 궁내에 법회를 베풀고 몸소 그 자리에 납시어 참가한 사문들과 똑같이 어울려 공양도 했느니라.

그 가운데 사문, 축도생이 있었으니 무리 중에서 단연 재주와 자태가 홀로 우뚝 뛰어나 황제가 그를 특히 중히 여겼도다.

축도생이 일찍이 지은 '돈오성불론'을 중승들이 모두 너무 난해하다고 하거늘 황제가 윤언綸言하길 가령 죽은 자를 일으켜 세운다고 해도 어찌 여러 경들은 도리에 어긋나는 일이라고 하리오.(박학다식) 그때에 안연지가 이식론離識論을 출간하자 황제가 엄 법사에게 명하여 앞서의 돈오성불론과의 차이를 분명히 하기 위해 종일토록 오가게 하고서. 경들은 오늘 지둔과 허순이 도를 논할 때마다 격론을 거쳐 결론을 얻었던 것에 비춰 조금도 손색이 없다고 웃으며 찬탄하셨다.

잡록

1. 명교 계숭선사 존승편
(승보 존중문)

경전에서 스님을 반드시 존중해야 한다는 말은 무엇을 의미하나이까? 승僧이란 것은 불佛로서 성姓으로 삼고 여래로서 집을 삼으며 법으로 육신을 삼고 혜慧로서 생명을 삼으며, 선열禪悅로서 음식으로 삼도다. 그런 까닭에 세속의 성받이에 의지하지 않고 가정을 꾸리지 않으며 몸을 꾸미지 않고 삶을 탐하지 않으면서 죽음도 두려워하지 않으며 음식의 다섯 가지 맛에 탐착하지도 않느니라.

몸을 방어함에 계戒로서 하며 섭심攝心에는 정定으로서 하며 사리를 분명히 밝힘에는 혜慧로서 하도다.

계를 말하자면 삼혹(살생, 도적, 음란)을 깨끗이 하여 평생토록 자신을 더럽히지 말아야 하고 정定에 대해서 말하자면 생각을 고요히 하여 마음을 바르게 한 채 종일토록 마음을 어지럽히지 않음이요, 혜慧에 대해 말하자면 도덕을 존숭하고 의혹을 분명히 밝혀 사단事端(일의 단서)의 필연성을 구명함이라.

이렇게 하여 수행정진을 인업因業으로 삼고 이로써 소기의 성과를 과업果業으로 삼도다. 그러한 수행결과로서 만물에 대하여 대자비심을 품게 되고 큰 서원을 갖게 되면 그에 따라 큰 은혜도 입게 되도다.

자慈라고 하는 것은 늘 만물을 편안케 하고자 함이요, 비悲라고 하는 것은 늘 중생이 모든 고통을 풀어주고자 함이며, 서誓라고 하는 것은 맹세코 온 세상 사람들에게 참된 진리를 내보이고자 함이요, 혜慧라 하는 것은 많은 중생들에게 정법을 베푸는 능력을 말함이라.

스님들의 법력은 신비스럽게 통하여 천지로써도 능히 가릴 수 없고 은밀히 행하여 귀신조차 헤아릴 수 없으며 법을 설함에는 막힘이 없고 법을 옹호함에는 발분하여 제 한 몸조차 돌보지 않도다. 그리고 세상 사람들이 참지 못하는 일들을 능히 참아내고 만 중생들이 행할 수 없는 일들을 능히 행하며 삼업(身 口 意)으로 악업을 짓지 않고 바른생활을 위해 걸식해 공양한다 해도 부끄럽게 여기지 않고 욕망을 버리기 위해 걸레조각으로 기워 만든 납의衲衣와 깨진 바루를 다시 꿰매어 가지면서도 결코 가난하게 여기지 않도다. 스님들이 다투지 않음에는 남들이 욕되게 하여도 조급히 대응하지 않고 원망하지 않음에는 버르장머리 없이 서로 맞먹으려 해도 내색하지 않음이요,

허상虛相이 아닌 진상眞相을 향해 진심으로 만물을 대하고 지극한 자비로 자기를 다스리느니라. 그리하여 스님(僧)은 세상의 만물과 능히 화평하며 그들을 능히 공경하도다.

스님들이 하는 말은 허망함이 없음으로 지극히 믿을 수 있으며 그들이 가진 법에는 아상我相이 없는 관계로 항상 양보하여 진심으로 대하여 뭇 사람들이 공경할만한 위엄을 가지고 있고 본받을 만한 의용儀容을 가지고 있어 온 세상 사람들이 우러러보기에 부족함이 없도다.

스님은 세상 사람들에게 복이 내리도록 항상 기도하며 틈만 있으면 미망의 중생들을 제도하는가 하면 자신의 육신을 내버림엔 금수에게 내맡겨도 아까워하지 않으며 경서를 독송할 때는 한서寒暑를 가리지 않고 지속하도다. 법을 펴려고 인간세상을 유력遊歷하되 명예를 메아리같이 보고 재리財利를 티끌같이 보며 아름다운 용모를 아지랑이같이 보고 병들고 가난한 자를 만나면 따뜻이 안아 보듬으며 신분이 낮고 천한 사람을 만나도 비천하게 여기지 않도다.

수도 차 한 곳에 머뭄에 그곳이 비록 심산궁곡이라도 풀로서 옷을 지어 입고 초근목피草根木皮를 식용으로 한다고 해도 편안한 마음으로 스스로 만족해하며 이양利養에 유혹되지 않고 권세 앞에 굴하지 않도다.

천자와 제후자리를 내던져서도 대단찮게 여기며 홀로 우뚝 섬에 도道로서 스스로 수승하게 되도다. 비록 신세가 몹시 외로워 의지할 곳이 없어도 스스로 고독해하지 않으며 함께 모여 삶에는 법을 기본으로 하여 한결같이 하고 사방 각처에서 모인 무리라도 난잡하지 않으며 스님들의 학식에 있어서 비록 삼장십이부三藏十二部와 백가이도百家異道의 서적이라도 읽어 알지 못하는 바가 없고 멀리 습속이 다른 지방의 말조차 다 통하니라. 법문을 쉽게 조술祖述함에는 문장력이 한결 뛰어나며 중도中道를 실천할 때 공空에도 유有에도 치우치지 않고 생각을 온전히 여의고 마음을 청정히 가져 순진일변도라 다시는 분별 사량하지 않도다.

오, 스님僧이여! 그 사람됨이 지극하고 그 마음가짐이 넓고 넓으며 그 덕성을 다 갖추었고 그 닦은 도가 광대하며 그 어짊이 세속의 어진 자와는 다르고 그 성스러움은 세간의 성스러움이 아닌 탈속脫俗의 수승한 경지에 이른 진정한 현인과 성인의 위격位格이도다.

승려가 됨은 가히 이와 같나니 우리 어찌 존경하지 않으리오.

2. 석 난문
(출가하기 어렵다는 글)

희안 수좌의 자字는 성도니 성품에 의지가 굳고 결단력이 있으며 내외학에 통달하고 불굴의 기개를 지녔느니라. 한때 여러 곳을 유력한 후 옛 토굴로 돌아와서 다시는 세속에 발을 들여놓지 않고 늘 문을 닫아 걸어놓은 채 좌선하였다.

품행이 방정하고 인품이 고결하지 않은 사람과는 서로 교우하지 않았으며 명망이 높은 이, 높은 벼슬아치들이 누차 여러 대찰大刹로 초청해도 끝내 응하지 않았도다.

그 때에 이름이 참기인 한 동자가 출가하고자하여 희안 스님 좌우에서 시봉을 하고 있었다. 희안 스님이 보기에 그가 도저히 사문이 될 자 질이 못되기에 이에 석난문을 지어주어 환가還家하게 하였다.

아들을 아는 것은 부모만한 사람이 없고 부모를 앎은 자식만한 사람이 없나니 내가(희안 승) 그동안 자식같이 여겼던 참기는 도저히 출가사문이 될 자질이 없었도다. 출가해 수도승이 된다는 게 어찌 사소한 일이랴. 일신상의 안일을 구하는 것이 아니며 잘 입고 잘 먹음을 구하지 않고 보잘 것 없는 명리도 탐하지 않느니라. 다만 일생 일대사인 생사를 위하고 중생을 위하며 번뇌 망상을 끊기 위하여 삼계 고해를 벗어나 부처님의 혜명慧命을 잇고자 함이라.

부처님 가신 지가 오래되어 불법이 크게 문란해졌나니 뜻있는 자가 어찌 감히 그와 같은 타락상을 보고만 있으리오.

《보량경》에 이르기를 비구가 비구 법을 닦지 않으면 결국 대천세계에 침 뱉을 곳도 없게 된다고 하였고 〈통혜록〉에 이르길 출가사문이 되어 십과(변역, 해의 습선, 명율, 감통, 유신, 독송, 호법, 홍법, 잡과)를 수습하지 않으면 불교를 경영해 나감에 많은 세월에 걸쳐 헛수고만하게 된다고 했으니 이런 이유로 봐서도 득도得度하기 어렵지 않겠는가?

이로써 보건대 나도 상가(승단)에 함부로 섞여들어 부처님을 속이고 있는 실정인데 황차 뜻을 확고히 세우지 못한 사문에 있어서랴. 어쨌든 출가사문이 되어 진실로 삼승 십이분교와 주공(주 문왕의 아들, 이름은 旦)과 공자의 도를 알지 못하고 인과를 명확히 알지 못하며 자기의 성품을 확연히 깨치지 못하는가하면 농사의 어려움을 알지 못하면서 시주물을 함부로 받아씀이 얼마나 무서운 줄도 모르고 맘내키는 대로 막행막식莫行莫食하며 재계齋戒를 파하기가 일쑤이니라. 또한 사원을 등에 업고 이양利養(物利養身)을 위해 장사를 하거나 간교한 속임수로 도박을 하며 시간만 나면 수입 좋은 사찰을 차지하여 영신일지榮身逸志하고자 기회를 노리며 다니고 화려한 수레로 출입하면서 오로지 자기 한 몸만을 보살필 뿐이니라.

아, 슬프도다. 육척장신에 하나 나무랄 데 없는 육덕을 갖추었음에도 지혜가 없다면 부처님은 그를 일러 치승痴僧이라 하셨고 세 치의 부드러운 혓바닥을 가졌음에도 설법조차 하지 못하는 사문을 아양승啞羊僧이라 하셨으며 승려이면서도 승려가 아니고, 속인이면서도 온전히 속인행세도 하지 않는 자를 박쥐승, 또한 독거사禿居士라고 하셨다.

《능엄경》에서 말했다. 어떤 도적놈이 내(부처님) 옷을 빌려 입고 여래를 팔고 다니면서 갖가지 죄업을 짓고 있나니 고해의 중생을 피안으로 이끄는 배가 아니라 그 자신이 바로 지옥종자일 뿐이도다.

설령 미륵불이 이 염부제(지상)에 하강하셔서 그들 파계승을 구제하려고 한들 어쩔 수 없으리니 몸은 이미 지옥에 빠진 상태라 갖은 고통이 하루아침 하루저녁으로 끝나지 않도다.

이와 같이 지금 그렇게 하는 자는 백이나, 천이나 되기도 하며 그들이 수만 가지 모면할 계책을 짜낸다고 해도 인과법칙에 의하여 온몸으로 그 과보를 받지 않을 수 없도다.

그들을 두고 말하자면 어떤 부류가 있을까? 이를테면 소진蘇秦, 장의張儀와 같이 요설을 부리기도 하고 공자와 같이 도道를 논하기도

하도다.

흔해빠진 잡석은 진주구슬이 아니고 무성한 잡쑥대가 설산의 향기로운 인동초가 아니도다.

나라에서 도첩度牒을 내려 승려 됨을 허가한 뜻은 국조만대國祚萬代와 성수천세聖壽千歲를 위해 기도케하고자 함에 있었으나 지금은 도리어 기도대신 군포대납軍布代納을 강요하여 승려에 대해서도 예외가 없다는 것을 백성에게 보여 주었으니 불도佛徒들을 홀대함이 극치에 달하였다.

이를테면 지난날의 육왕사의 회련선사, 영안사의 계승선사, 용정사의 원정선사, 영지사의 원로 율사들은 정말 출중한 기린 같은 인물이고 그 밖은 별 볼일 없는 존재라 어찌 더 말할 필요가 있으리오.

오, 슬프도다! 불교의 바다가 어지러워짐이 이즈음보다 더한 적이 없었나니 정말 분별있는 사람과 함께 말할 수 있어도 무분별한 필부필부匹夫匹婦와는 더불어 말하기가 실로 어려운 지경이도다.

1. 범 (범진:인명), 촉공 (벼슬명), 송 원오선사 행각

(촉공이 원오 승 만행을 칭송해 時를 써 보냄)

물을 볼 적에는 더럽혀진 연못의 물을 보지 말지니 더러운 물에 사는 어족들은 그 질이 떨어지도다. 산을 오를 적에는 그저 밋밋한 산을 오르지 말지니 밋밋한 산에는 큰 나무들이 드물도다.

물을 봄에 반드시 바다의 광활함을 봐야하고 등산을 하려면 반드시 태산을 올라야 하나니 그럼으로써 얻는 바가 적지 않고 보는 바가 높으리라. 그렇게 하여 애써 공부한 것이 헛되지 않으리라.

남방에 다행히 한 선불장(선원)이 있나니 그곳에 가서 미묘한 뜻 (佛旨)을 궁구함이 좋으리라. 훗날 군계일학群鷄一鶴처럼 뛰어난 대사 大師가 되어 헤이해진 기강을 바로잡을 수 있다면 남아로서 처음 출가한 뜻을 저버리지 않게 되리라.

대장부가 되어 일에 당해 우물쭈물하지 말지니 어찌 허명虛名을 쫓아 일신상의 계책에 골몰하리오. 많은 세월에 걸쳐 수분각隨分覺(상황에 따라 깨달음)이 신통치 않은 채 어영부영 시간만 허송하며 쓸데없이 나이만 더 보태지 말지어다.

성도成都(삼국시대 촉국 수도)는 자못 번화한 곳이라. 그곳에 머무는 동안 여자와 술에 유혹받기 쉽지만 나의 스승은 다행히 출가 장부라. 째째한 군상들과 즐겨 따르다보면 자기도 모르게 동화되기 십상이련만 스승께선 청운의 뜻을 가진 장부라 어찌 흙탕물에 빠져들리오.

배를 삼키는 고기는 얕은 물에 살지 않고 아름드리나무는 야트막한 구릉지엔 자라지 않도다. 대붕이 한 번 날개를 치면 구만리를 날거늘 어찌 봄날 바닷가 백사장을 나는 갈매기와 같으며 어떻게 급히 내닫는 천리 준마와도 같으랴? 굴뚝새가 한 개의 가지에 연련하듯 조그만 것에 만족하지 말지어다. 설령 수많은 경론을 강의해도 결국엔 선가의 제이第二 수준에 떨어지고 말도다.

백운白雲이 늘 높은 산을 사모하여 조석朝夕으로 가리고 잠시도 걷히지 않다가 창생蒼生을 달래기 위해 장맛비를 데리고 예사롭게 변함없이 산에서 내려오도다. 형산에 경묘라 불리는 아름다운 옥이 있었단 사실을 들어본 적이 없으신가? 그것도 뛰어난 장인을 만나지 못했다면 그대로 황야에 파묻혀 있었을 것이며 당시에 형주의 초나라를 떠나지 않았더라면 어찌 수개의 성城과 맞바꿀만한 다시없는 보주로 평가되었으리오.

4. 길주 용제산 우운(종) 무화상 사예설

(재물을 뱀과 똥같이 여길 것)

세간에서 가장 독한 것은 독사보다 더한 것은 없고 지독히 더러운 것은 똥오줌보다 더한 것은 없나니 독사의 독은 능히 사람의 생명을 해칠 수 있고 똥오줌은 능히 사람의 몸과 의복을 더럽힐 수 있도다. 그런 까닭으로 자기의 생명을 보전코자하면 반드시 해독될만한 것을 멀리 여의어야 하느니라. 자기의 형복形服을 깨끗이 하려고 하면 더러운 것을 반드시 없애야 하느니라. 마치 세인이 꿈에 독사를 보면 재물이 생길 것으로 해몽해 좋아하고 대소변을 보면 무슨 이익이 생길 걸로 여겨 기뻐하는 것과 같나니 어떻게 잠잘 때와 깨어있을 때 좋아하고 싫어하는 것이 이렇게 다를 수 있을까?(무명 중 전도된 생각)

깨어있을 때 싫어하고 무서워할 줄을 안다면 구태여 재물을 보고 좋아하고 이익을 보고 기뻐할 필요가 있으리오. 더군다나 재물의 독은 독사보다 더 심하고 이욕의 더러움은 대소변보다 더하도다.

옛 사람들이 재물로서 생명을 해친 자가 한 사람에 그치지 않았고 잇끝으로 몸과 옷을 더럽힌 자는 많지만 외려 깨닫는 자가 적은 것은 사람들이 그것을 한없이 애착하고 탐욕하기 때문이니 이 어찌 슬프지 않으리오.

가난과 부자는 사람의 운명으로 정해지나니 자기의 분수에 안족安足하면 비록 지금 가난하나 마음은 즐거울 것이고 안분지족安分知足 못하면 설령 지금 부자라도 마음은 늘 근심걱정이 떠나지 않느니라. 분수에 안족하고 가난해도 즐길 줄 알면 본래의 수명을 보존하여 살 수 있고 또한 형복形服을 깨끗이 유지할 수 있나니 재물을 탐구하는 자는 마음속으로 독사를 기름과 같고 잇끝을 좋아하는 자는 반드시 형복이 더럽혀지리라.

내가 가난을 좋아하진 않아도 해독되는 걸 멀리하고자 함이요, 내가 부자 됨을 미워하지는 않아도 대소변 같은 더러움을 없애기 위함이도다.

재물을 멀리함은 독사를 멀리함과 같이하며 이양利養을 피함은 대소변을 피하는 것 같이 한다면 틀림없이 이 사람은 법을 통달한 사람이 되리라. 그렇지 못하고 늘 재물을 탐애함에 쉴 날이 없으면 반드시 성명性命을 해치고 형복을 더럽히리라.

세인들은 반드시 주의하고 조심할지어다.

5. 당 수아 법사 청송법화경 가

(《법화경》 독송을 듣고 노래함)

산색은 무성하고 소나무 숲에 안개는 자욱한가 하면 잎이 다 떨어진 숲길에 돌들은 울퉁불퉁한데 너럭바위 위에 한 승려가 석장을 비켜 잡고 결가부좌하고 앉아 아침부터 저녁까지《법화경》을 독송하도다.

주위엔 호랑이 발자국이 어지럽고 부근 일대엔 이름 모를 기이한 꽃들이 흐드러지게 피었도다. 그런 가운데 우연히도 나는 한 스님을 만나게 되었으니 서로 깊이 알지는 못하는 사이라. 이 이가 옛날식 이름인지 현대식 사람인지 담언(人名)인지, 생전에《법화경》독송을 들은 꿩의 후신인 담익인지 알지 못해 하도다.

내가 듣기로 이《법화경》은 불법의 깊고 깊은 뜻을 담고 있어 부처님께서 스스로 이 경을 진실되고 미묘하다고 하셨도다.

눈을 감고 마음을 조용히 하여 자세히《법화경》독송을 들어보니 우유로 정제된 최상의 제호방울을 장腸에다 떨어뜨리는 것과 같도다.(사람에게 법화지혜를 불어 넣어 불도를 깨닫게 함). 이는 (《법화경》의 요지로) 부처님의 뜻이자 제대 조사님의 골수요, 나의 마음이자 많은 경의 요체로다.

법을 거량하는 몸짓으로 손가락을 퉁기거나 손을 번쩍 쳐들어도 목전에서 지금 이순간이 바로 그것임을 알지 못하니 불쌍할 뿐이다.

위대하고도 심히 기이하도다. 공왕(부처님)이 군생으로 하여금 깨닫게 하고자 일만 팔천국토로 빛을 발하여 국토마다 모두 황금색으로 물들게 하시도다. 사생(胎. 卵. 濕. 化)육도(지옥. 아귀. 축생. 아수라. 인간. 천상)가 하나 빠짐없이 부처님이 발하시는 황금빛 속에 있는데도 어리석은 자는 여전히 미륵불에게 스스로 묻기만 하도다.

내가 또한 그때 공적한 도리를 닦아 일단 무심을 터득한 후 곧장 모든 작위를 멈추고 마음을 바로 쉬었던 무렵 우연히《법화경》독송을 몸소 듣고서 내가 탄 나귀(羊성문승, 鹿연각승, 牛보살승 외의 근거 없는 주장 층)가 바르지 못했음을 비로소 문득 깨쳤도다. 내가 그때 거처居處 밖을 나와서 인간 세상에 조금도 물들고 싶지 않았나니 이제야《법화경》독송을 친히 들으니 서 있는 곳마다 구경의 열반처 임을 비로소 알았도다. 내가 또한 당시에 시가詩歌를 읊조리길 좋아하여 그런 것이 선정을 어지럽힌다고 생각했는데 그 때 한 스님의《법화경》독송을 몸소 듣고 필연筆硯(붓과 벼루)이 진성眞性을 돌아보는데 도움이 될 수 있음을 느꼈도다. 내가 그때 또한 어린애 장난 같은 것을 좋아하여 아까운 세월을 허송한 듯 여겼는데 어느 날 한 스님의《법화경》독송을 엿듣고 놀이삼아 모래를 긁어모음도 사소한 일이 아님을 비로소 알아차렸도다.

내가 일찍이 풍경을 구경 차 나가보니 저 산이 옛 그대로가 아닌 걸로 여겼는데 우연히《법화경》독송을 듣고서 산하대지가 본디 없었음을 알았도다.

내가 일찍이 잔나비같은 마음을 잘 조절하지 못해 늘 금으로 만든 쇠사슬(계율이 向覺에 좋긴 하나 着卽害)로 자신을 속박하다가 이제《법화경》독송을 듣고서 이 세상에선 애착을 느낄 물건이라곤 하나도 없음을 순간 깨달았도다.

스님이《법화경》을 독송함에 한자 한자 음미하며 마음속 깊이 되새기니 그 맛이 제호醍醐와도 같아 제호 맛은 아주 희한한 맛이 있지만 그것의 느낌은 입술이나 치아에 있지 않고 오로지 당사자의 마음에 달려있음을 알았도다.

스님이《법화경》의 글자를 한자 한자 또박또박 읽으니 구절마다 백우白牛(一佛僧, 유일한 성불의 교법)가 몸소 뚜벅뚜벅 걸어가는 것 같도다. 백우의 걸음걸이가 바람처럼 빠름에 서西에도 있지 않고 동東에도 있지 않고 단지그대의 일상적인 것에 있도다. 늘 사용하고 있어도 우리가 어찌해 고통스러워하는지 알지 못하니 마치 삼초三焦(내장의 상초, 중초, 하초)에 있어서 술과 육부(담, 위, 대장, 소장, 삼초, 방광)에 있어서 밥과도 같도다(육신을 받은 이상 기본고는 피할 수 없음).

　장자長者(뛰어난 법사)가 소리 높여 미혹된 중생을 불도로 불러도 되돌아보지 않나니 흡사 귀먹은 이 같고, 눈먼 봉사와도 같도다. 세상 사람들은 귀가 밝지 않음이 없지만 그 귀가 불경을 향해선 다 귀머거리가 되고 세인들이 다 눈이 밝지만 유독 불경 앞에선 다들 당달봉사 격이 되도다.

　마땅히 총명해야 할 곳에는 총명하지 않고 마땅히 밝히 알아야 할 곳은 밝히 알지 못하니 우물의 도르래 활차가 위아래로 돌고 돌 듯 한없는 세월에 걸쳐 헛되이 생사를 거듭하도다.

　세상 사람들은 스승의 말소리는 알아듣지만 스승의 마음자리는 알아차리지 못하고 세인들이 비록 스승의 모습을 알아본데도 누가 있어 스승의 내적 법력을 알아 볼 수 있으랴?

　사승師僧은 부처님을 의왕이라 부르며 부처님의 말씀을 실행하나니 중생들에게 다가가 그들의 마음병을 치료해 주도다. 나아가 길 잃은 자에게 제 갈 길을 찾아주고 미친 마음에겐 안정된 마음을 갖게 하며 마음이 더러운 자에겐 깨끗이 씻어주고 삿된 자에겐 바름을 심어주며 범용한 마음을 성인되게 하도다.

　이와 같이 한다면 인천人天이 다 사승師僧을 공경할 뿐만 아니라 또한 당연히 용이 칭송하고 귀신이 칭송하며 부처님조차 칭송할지니 배각합진背覺合塵의 무리로서의 공왕(부처님)의 제자에게 머리를 조아리고 이 한 목숨 다 바쳐 어찌 귀의하지 않으리오.

6. 주지삼보

(불, 법, 승 삼보를 수호함)

주지 삼보란 사람이라 도道를 넓힐 수 있나니 만대에 걸쳐서 끝 나지 않고 전해지는 것은 자애慈愛요, 도는 사람의 힘을 빌려 넓혀지 도다. 삼법三法(敎法, 行法, 證法)이 이로써(사람의 힘을 빌림상) 시작되나 니 드디어 대대로 불법을 일으켜 세워 곳곳마다 널리 전하느니라.

승僧을 빌려 불법을 널리 드날리지 않으면 결국 불법이 쇠멸하리 라.

한 무제 전성기에 이르러 처음으로 부처佛란 말을 들었으나 그때 벌써 승僧에 의한 법전法傳이 끊어졌나니 불법을 수용하자마자 끝이 나고 말았도다. 그 후 후한 현종 때에 이르러 다시 불법을 용인 수용하여 널리 인도에까지 사신을 보내 인도 승 가섭마등과 축법란 두 대사를 초치하여 불교를 연포演布하게 하고 불교를 모르는 자로 하여금 온전히 깨달아 믿게 하여 마음속으로 깊이 귀의시키니 이는 정작 사문들이 널리 포교한 노고에 의함이요, 부처님의 수행모습을 따르고자 하는 사문들의 열과熱果이도다. 이를 일러 승보僧寶라 하도다.

뜻한 바를 나타내는 말이나 글귀에 있어서는 그 이치를 나타냄이 중요하나니 그것을 말이나 글로서 표출하지 않으면 독청자讀聽者로 하여금 의미 경계를 깨닫게 할 수 없도다. 그래서 명교名教(인륜, 도덕, 심성의 가르침)를 내세우니 그것을 설하고 듣는 내용을 법보라 하도다. 이 이치는(불도) 깊고 깊어 성인(부처님)이 아니면 알지 못하나니 지금 성인이 비록 귀적歸寂했으나 제자들이 흠모한 나머지 그분의 진영을 세우니 이를 일러 불보佛寶라 하도다.

다만 많은 중생들이 타고난 복이 적어 부처님 재세시에 뵙지는 못했으나 그래도 남은 복이 얼마간 있어 그런대로 부처님이 남기신 법을 만날 수 있게 되었느니라.

이 중에 삼보는 그 근경根莖이 유위법有為法에 속하는 지라 그 속에는 번뇌에 속하는 요소들을 다분히 간직하고 있어 온전히 경신敬信할 수 없어도 중요한 이치가 다 내포되어 있도다. 그것을 존중해 믿고 행하면 유위에서 벗어날 수 있나니 흡사 세속의 왕이 국토를 순력巡歷함에 그의 모습만으로 위업을 구하지 않고 통치력으로 인해 온 백성이 다함께 공경해 마지않는 바와 같도다.

경에서 이르기를 세간에 은銀이 있으면, 금金을 그것보다 더 보배로 여기고 은이 없고 질 좋은 구리銅가 있으면 바로 구리가 최상의 보배가 되리라. 그런 까닭에 말세에 삼보를 경숭敬崇함도 한결같이 다 참되도다. 지금 말세 삼보를 경신하지 않고 달리 존중할 방도가 없다면 어느 곳에다 이 마음을 바치며 어디에다 의탁하리오. 그래서 이 한 몸은 신령스러운 진영을 경신하면서 마음을 진리에 두게 되나니 중생을 이끌어 불연佛緣을 맺게 하고 교화를 베풀어감에 그 뜻이 이에서 극에 달하게 되나라.

경經에서 말하기를 조금이라도 불상을 위한 불사를 하면 얻을 복이 무량하다 하였나니 이는 법신을 닦는 그릇 역할을 하기 때문이도다.

론論에 이르기를 금이나 나무, 흙, 돌이 그 본질을 정情이 있는 것이 아니나 불상으로 조성됨에 따라 그것을 존경하고 훼손하는 사람은 스스로 복이 아니면 죄를 받게 되나니 삼라만상이 법신을 나타내지 않음이 없는지라. 결국 그렇게 만든 자의 공덕은 무량하도다.

신심을 가지고 경신하는 자들로 하여금 그 신령스런 영상을 대하여 눈물을 쏟으며 자기도 모르는 중에 부처님에게 귀의하게 되도다.

부처님 가신 지가 오래되어 오로지 남기신 자취만 보게 되나니 마치 깨끗한 사당을 참배함에 마음이 자연히 엄숙경건해지고 눈을 들어 휘둘러볼라치면 감개가 깊어 망령들이 살아있는 것같이 느끼게 되나니 지금 나 또한 그와 같도다.

부처님이 열반하신지가 오래되고 다만 진영만 남아 깃대마냥 우뚝 솟은 나의 자만심을 부처님 진영소로 인도하여 몸을 굽혀 공왕의 말을 받들면서 예경을 다함이 산부처님 앞에서 법문을 듣는 것과 같도다. 내 지금 부처님을 뵙고 법문을 듣지 못함은 마음에 굳건한 믿음이 없기 때문이니라. 어떻게 해야 그 속내를 알 수 있으리오. 다만 마음으로 인해 삼계가 이뤄지나니(일체유심조) 어찌 완고하고 우둔한 수자라도 마음을 일으켜 부처를 보지 못하리오.

대지도론에서 말하길 부처님이 늘 광명을 놓으시면서 설법하고 있음에도 중생들이 업장이 두꺼워 부처님을 대면하고 있으면서도 듣지도 보지 못하고 있다하니 이 부처님의 진영(탱화, 불상 등)을 대함에 있어서도 그와 같도다. 여타 성상聖像들도 다 그러한 영검을 갖고 있도다.

숲으로 우거진 산속에 돌 하나라도 세울 적에 주위 상황을 보아가며 세우듯 나에게 마음의 길을 인도하는 데는 제반 성상보다 더 나은 것은 없느니라.

7. 우가영 승록(벼슬명)
삼교총론(유·불·도의 대의)

묻나니 송시宋時 승僧 찬녕이가 기간旣刊의 사물기원(열권: 각종 승물의 기원과 유래에 관한 것)을 세권의 승사략으로 줄이면서 굳이 많은 사물의 근원을 재삼 궁구하니 그 까닭은 무엇일까요?

답이라, 쇠퇴한 불도를 중흥시켜 정법이 오래도록 유지되도록 하기 위함이라.

이르길 현하現下 천자께옵서 불도를 중히 여김과 동시에 도교를 존중하며 또한 유교를 함께 행하사 태평성세를 이루어 이미 중흥된 실정이온데 일개 비구의 신분으로 그 무거운 법의 바퀴를 어떻게 굴려 불도를 중흥시키겠다고 말씀하리까?

이에 천자께옵서 답응答應하사 그런 중흥을 재차 바르게 돕고자 함이도다. 가령 불자로서 불법을 제대로 알지 못하며 그에 따라 수행하지 않고 주어진 십과과정十科課程을 부지런히 수학하지 않으면 불법의 근본을 제대로 밝히지 못하나니 어찌 왕도의 부흥을 도울 수 있으리오.

혹자는 묻길 그대가 무슨 힘이 있어 정법을 오래 머물게 할 수 있단 말이오?

답하길 부처님이 말씀하시되 법을 알고 논을 알아 중생들을 악으로부터 잘 지켜 보호하고 그들을 잘 받아들여 조용히 사리에 맞게 설득시키면 정법이 끊이지 않으리다.

또한 묻길, 지난날에 많은 대사大師들이 이미 많은 저술을 남겼는데 어떻게 그대가 하길 바라겠나이까?

답이라, 고인의 저술들은 실제 사용 시엔 불안전함이라. 일찍이 고인들은 삼교三敎:儒, 佛, 道를 제대로 알지 못하여 순환논법으로 개미 쳇바퀴 돌리듯 되뇌기만 했느니라.

한 사람이(天子) 정점에 있어 높아도 위태롭지 않아야 하나니 그 한 사람을 가짐으로 그가 삼교를 받들어 중흥시키고 삼교를 가짐으로 인하여 한 사람의 왕도의 치리治理(다스림)을 돕게 되느니라.

그런데 유교란 삼왕(夏의 우왕, 殷의 탕왕, 周의 문왕) 이후엔 널리 쓰기에 적합했고, 도道란 오제(伍帝: 복희, 신농, 황제, 요, 순) 이전에 무위자연無爲自然의 도에 깊이 부합되었도다.

옛날에 사마천이 지은 사기 열전에서 말하길 도교에 들어서는 것이 구류九流(제자백가의 학파) 중에서 가장 으뜸이라고 했고 반고의 저서에선 유교를 들어 자기 저작의 맨 앞에 내세웠도다. 자장子長(사마천의 字)은 인심을 순박으로 되돌려 제왕이 행하는 인의仁義에 기초한 공명정대한 정도政道를 중히 여김이요, 맹견(반고의 字)은 인仁을 근거로 하여 의義를 익혀 나간다하니 이는 모두 왕도를 행하는 것이도다.

고대 하, 상(은), 주대부터 지금껏 몇 백 년의 세월이 흘렀는가? 도교의 원리로서 나라를 다스린다면 급한 병에 약효가 느린 약을 복용하는 것과 같나니 이로 말미암아 인의仁義는 점점 희박해지고 번거로운 예도와 형벌이 생겨나니 그 예법과 형벌을 멀리 여의면 유자儒者(선비)는 아무 할 일 없어 두 손을 놓고 있으리라.

불교는 그 교리의 사용에 걸림이 없어 두루 하여 자비로써 포악을 다스리고 희사喜捨로서 인색을 다스리며 평등심으로 친소親疏를 다스리고 인욕으로써 성화(火)를 다스리도다. 사람의 육신은 죽어가도 신령스러운 영혼은 사멸하지 않음을 알고 육취(육도)에 이르러 생전에 지은 업에 따라 환생하는 줄 알아 상으론 천당에 가고 벌로썬 지옥에 감이 거푸집으로 찍어낸 벽돌과 같고 틀로 주조된 철물과 같도다.

질이 나쁘고 물이 새는 틀에다 쇳물을 부으면 반드시 모양이 나지 않아 보기에 흉하고 온전한 거푸집에 재료를 주입하면 그 조형물이 훌륭하게 되도다.

일은 말에 달려있지 않고 사람들이 다 눈으로 직접 보고 확인하기 마련이라. 그래서 주상主上이 어느 한 도(敎)를 애써 믿으면 많은 백성들이 한 쪽으로 귀의하게 되어 바람이 풀 위로 불면 풀들은 하나같이 한 쪽으로 기울어짐과 같도다. 따라서 도교와 유교를 겸해서 의지하면 일지一智를 이룸에 마치 삼우三愚을 기다림과 같도다.(우치愚痴가 셋 모이면 지혜가 나옴).

나라를 다스림엔 마땅히 성인의 말씀을 따라야 하니 그래야 만 백성이 근면해져 늘 부지런히 일하게 되고 사물을 다스림에 이르러 마치 팔이 손을 부리듯 손이 손가락을 부리듯 하여 능수능란하게 되나니 때론 잡고 때론 놓아줌에 임하여 어떻게 무작정 옳고 그름만을 일삼으리오.(실효성 없는 논쟁만 일삼는).

이와 같이 된다면 삼교(유, 불, 도)는 한 가정과도 같고 제도帝道는 한 가정의 가장 격이 되도다. 삼교 간 어느 한 편만 편애해서는 안 되나니 편애하면 자연히 경쟁심이 생기고 경쟁심이 생기면 결국 삼교를 해치게 되도다. 그러한 와중渦中에 끼어들게 되면 자연히 자신도 불안해지고 자신이 불안하면 바로 상대 교를 헐뜯거나 해치게 되나니 한 교가 핍박받질 않으려면 어느 한 편만 치우치지 말아야 하느니라. 삼교가 이미 서로 간 화평하면 법이 오래 머물 수 있도다.

진시황이 유생들을 매장하고 유서를 불 지른 일은 이사(진시왕시 정치가)의 계책에서 나왔고, 후위(북위)시대 출가사문들을 무참하게 죽인 것은 오로지 구겸지(북위시 도사)와 최호(북위시 도사) 때문이요, 주나라 무왕이 불교과 도교를 버리고 자기의 총명을 뽐냄은 아마도 조정에 바른 사람이 없었기 때문이리라. 당나라 무종이 절과 불상을 헐어버린 것은 도사였던 조귀진이 유현정과 함께 힘을 합쳐 불법을 헐뜯으며 사문을 중상 모략함에 이주애가 곁에서 방조幇助했기 때문이도다. 이렇게 주동적으로 훼불행위를 감행한 네 왕과 몇몇 대부들의 과보가 어떻게 그리 빨랐던고?

뭇 사람들에게 삼가 권하노니 삼교 간 경계하고 예방하여 천추의 한이 될 실책을 범하지 말아야 하느니라. 제왕이 용납하지 않으면 법을 어디에 세울 것이며, 도교에선 삼보(慈. 儉. 謙)를 지켜가는 데 그 중에서도 겸손을 제일로 여기나니 사문으로서 상대를 너그러이 용서하고 존경하여 서로 간 화평하게 지내는 것이 어찌 그리 나쁘리오.

부처님의 모든 말씀을 응당 공손히 믿어야하며 노자를 믿는 것은 뭇 성인보다 앞서기 때문이고 공자를 믿는 것은 뭇 사부師傅보다 뛰어나기 때문이니 이 두 성인이 없으면 어떻게 불교를 세상에 들어내어 서로 다 함께 도를 행하여 주상을 희황(복희씨와 황제)의 반열에 이르게 하리오. 만약 이 말을 어기면 무뢰한 아들딸들이 이유 없이 서로 다투다가 부모에게 누를 끼치며 급기야 재산을 거덜 내고 형벌을 받게 되는 경우와 비유되리라.

삼교의 대도大道를 해치는 것은 바로 일시적으로 조금 잃음이요, 크게 손방損謗을 가 한자는 대해大害의 과실을 받게 되도다.

해와 달이 개기식皆既蝕이 된다고 해도 어떻게 그것들의 본래의 밝음이 줄어들랴? 그대들은 들어보지 못했는가? 진시왕이 유도백가儒道百家의 전적을 불사름에 일부 성인들이 미리 벽간 속에 그것을 감추었고 유생들을 땅에 묻어 유도를 씨도 남기지 않고 몽땅 없애버리고자 했으나 예기禮記를 지은 대덕대성戴德戴聖(덕자, 성자로 받듬)하였던 양웅揚雄과 사마천司馬遷이 차례대로 태어났으니 언제 어디서든 사람이 없었던 적이 없었느니라.

양나라 무제가 도교를 버리고 불도를 섬겼고 후위(북위)가 갑자기 일어나자 승려들을 마구 주륙誅戮했거늘 머지않아 개국조의 자손이 불교를 다시 진작했으며 후주后周국이 석노釋老(불교와 도교) 두 교를 훼손함에 수국공隨國公에 봉해진 양견이가 부흥했고 무종이 불도를 해치자 얼마 되지 않아 선종이 전에 비해 교세를 열 배 이상 일으켜 세웠나니 손바닥으로 어찌 대하의 흐름을 막을 수 있으며 주먹을 휘둘러 맹수의 사나움을 어찌 제압할 수 있으리오.

게다가 승려 된 자로서 도안승 만한 사문이 없나니 도안승이 유생인 습착치와 교류한 것은 유교를 존중한 것이요, 승이 된 자로써 혜원승만 한 사문이 드무나니 승 혜원이가 자기를 방문한 육수정이를 배웅 시 정진결제 금지구역인 호계다리를 자기도 모르는 중에 함께 건넌 것은 도교를 중히 여긴 소치니라.

내가 이상의 두 고승을 흠모하면서 자연스레 유교와 도교를 좋아하게 되었으니 불제자로서 설혹 그것이 잘못됐다고 할지라도 내가 이미 그들을 존중한다면 그들도 어찌 나를 업신여기리오. 도안승과 혜원승의 행위를 믿고 본받기를 간절히 바라느니라.

시왈,
자기도끼로 자기도끼 자루감을 베듯이

알맞은 표준(진리)이 먼 곳에 있지 않도다.(진리는 가까운데 있음)

자왈,

하늘이 주는 좋은 기회도 편리한 지형보다 못하고 편리한 지형은
사람이 마음으로 서로 화합하는 것만 못하나니 이는 그것을 두고 말함
인저!

8. 상태재 문 공자 성인
(왕이 공자에게 묻다)

성덕盛德한 임금인 태재 비嚭가 공자에게 물었다.

"공부자께선 성인입니까?"

공부자가 대답했다.

"본유本儒는 널리 알고 애써 기억할 뿐 성인은 아닙니다."

비嚭가 물었다.

"삼왕三王(夏의 우왕, 殷의 탕왕, 周의 무왕)이 성인이었습니까?"

공부자가 대답했다.

"그들은 지혜와 용기를 잘 활용했을 뿐입니다. 제가 알기론 그들은 성인이 아닙니다."

태재가 물었다.

"지난날 오제五帝(옛 중국 전설상 오성황제: 황(제), 전욱, 제곡, 요, 순)는 성인이었습니까?"

공부자가 대답했다.

"오제는 인의仁義를 잘 사용했거니와 제가 알기론 성인이 아닙니다."

태재가 물었다.

"지난날 삼황(천황, 지황, 인황)은 성인이었습니까?"

공부자가 대답했다.

"그들은 그때그때 당면한 일을 잘 처리했을 뿐이지 제가 알기론 성인이 아닙니다."

태재가 공부자의 그런 답에 크게 놀라면서 말했다.

"그렇다면 누가 성인이요?"

공부자가 잠시 자세를 바르게 하고 나서 대답했다.

"제가 듣기론 서방(인도: 천축)에 성자가 있어 애써 세상을 다스리지 않아도 어지럽지 않고 백성에게 말하지 않아도 스스로 믿으며 그들은 교화하지 않아도 스스로 알아서 행하나니 그분의 능력이 한량없는 데다 걸림이 없어 무어라 구체적으로 형언할 수 없나이다."

위와 같은 말씀에 의거해 보건대 공부자는 서방의 부처님이 대성임을 깊이 믿었던 것으로 여겨지지만 시절인연이 성숙되지 못해 속으로만 알고 있다가 태재와의 문답 기회가 있어 그러한 사연을 대략 제시했으나 불도의 깊은 이치에 대해 분명히 말할 수는 없었느니라.

9. 제현 송구

(모든 현성의 게송문)

① 방거사 송

내 먼저 만물에 무심하며는

만물이 날 감싼들 뭐라서 거리끼랴

철우鐵牛가 사자후를 겁내지 않고

목인木人이 꽃과 새를 보는 것 같네

목인은 원채 무정하나니

화조花鳥가 목인을 만나 어찌 놀래랴

마음경계 여여해 다만 그러할 뿐

깨치지 못한들 뭐라서 근심하랴!

② 굉지 선사 성병승(병승간호)

옛 도반 찾아보니 가슴만 아파

몇 해를 열반당서 홀로 누웠으니

찾는 이 하나 없고 문종이는 너덜너덜

불 꺼진 화로 서리 앉은 자리

병들고 알았네. 이 몸이 고통인 걸

건강 할 때 남 땜에 나를 잊었고

노승은 깨달았네 육신의 안한安閑도리

팔고八苦가 몰려와도 그에겐 무방허이

③ 동산화상 자제(스스로에게 다짐)

명리名利도 영화도 구하지 않고

인연 따라 이 남은 생을 보내리.

세치三寸 혀가 멎으면 그 누가 주인이 되랴?

이 한 몸 떠난 후면 허명虛名만 남나니

헤어진 옷들일랑 거듭거듭 기워 입고

공양거리 떨어지면 그때마다 구할 거며

환영 같은 이 한 몸 얼마나 살건대

불필不必한 많은 일로 무명만 기르랴!

④ 영지율사 면주지(불법 안주보호에 힘씀)

아! 가슴 아픈 말법상이여,

불법을 온전히 회통한 이 없나니 경안經眼 없이 강석에 앉고
행각行脚 없이 법석에 오르도다.
돈 들고 사원 찾는 꼴 미친개 같고,
든 것 없이 거만함은 벙어리 양羊 같도다.
삼가 권하노니 영리한 후학들은 이러지를 말고
과보인 지옥고를 짓지 않게 할지어다.

⑤ 면학도(학도에 권함)
교教다 선禪이다 하며 밖을 향해 찾지만
일찍이 머리 돌려 이 한 마음 찾지 않다가
죽음에 이르러 앞길이 참참함에
평생의 오용심誤用心 비로소 알리라.

⑥ 불안선사 십가행중 삼절(열 가지 행해야 할 것 중 셋)
㉮ 예배
예불은 교만의 때를 씻기 위함이요,
신업身業은 원래가 청정함이라.
현사 승이 말했다.
일심 바쳐 공경할 뿐 시비를 논하면
분별심만 늘어 나니라.

㉯ 경행(목적상 일정구역 내 환보)

숲속, 돌바탕 험한 길 뻗어나
공양 후 일없어 경행(局行)에 나서고
돌아와 도반께 묻나니
금일도 그것이 어떻게 어째서일까?

㈐ 송경
밤들이 혼자서 경을 읽는데
맘속 번뇌 없어 눈빛 더욱 초롱하고
독방에 보는 사람 하나 없어도
용천(용신과 제천)이 귀 기울여 듣고 있나니.

⑦ 면 승간병(승께 병간호 권함)
어느 곳에도 집이 없는 병든 비구여,
외로운 등 하나만이 낡은 침상 비추고
고요한 방에서 신음소리 새어나와
죽, 약 수발은 도반에 의지하고
병든 이는 쉬이 번뇌에 빠지나니
건강자는 측은심을 가져야하리.
피차가 몽환같은 몸, 얼마나 보존하랴?
노승은 무언중에 무상의 도리를 알려주노라.

⑧ 진정 문선사 송

삭발하자 놀랬도다.

삭도削刀에 가득 찬 흰 눈이여!

그제서야 알았도다. 유한한 세월을

생사를 벗어나 어서 빨리 성불토록

득각得覺위한 정진精進에 내일 어찌 있으랴!

⑨ 자수 선사 훈 동행(행자에게 일러줌)

세간 진리 복잡다단해 다 알기 한없도다. 불문에 들고 보니 편안하고 유익해 밤낮없이 정진에 정진만 할 뿐, 번뇌에 지친 몸, 허송세월하지 말라.

향 사루고 예배함에 건둥건둥하지 말고 일심으로 성상聖像 앞에 다생업장 참회하고 법수法水를 받자와 오심汚心을 씻을지니 글 배워 간경하여 출가목적 바로 세워, 때 되어 삭발염의削髮染衣한 후면 그때따라 일마다 쉬워지나니, 남달리 출가로 한 스님 제자 되어, 은사 섬김 부모같이 하고, 예불기도 부지런히 하면, 자연히 용천(팔부신장 중 용신. 제천)도 살펴보리니

구참을 만나면 합장배례하고 객승이 들면 정중히 맞이하며 출가자 자세는 겸양이 제일이라 우인愚人의 무례를 배우지 말고 출가하여 오신채와 금주禁酒 못하면 쓸데없이 정지淨地(절)에 섞여 사는 격 늙도록 마음 한번 깨끗이 못하면 지혜의 새싹이 움트기 어려우리. 타인의 장단점을 말하지 말라.

말들이 오가면 불화가 생기고 입술을 다물고 혀를 깊이 간직함

이 편안의 제일 방편이라. 이 몸 한때 건강 시 너무 자지 말 것이며 수행 시엔 부지런히 정진해 진취성을 가질지어다. 그대는 들어보지 못했는가? 방아찧던 노행자 모습을. 조사님네 의발이 고행을 말해주나니 후원의 공양물에 절제심을 견지하라. 천하의 득각고승得覺高僧들의 실상을 꿰뚫어보니 밤 깊도록 고행 정진한 결과인지라. 인행이 깊으면 과보果報 또한 깊은 것을. 상주물은 추호도 훔치지 말라. 나날이 만 배나 불어나 갚기 저어하나니 상주물 훔친 과보 돼지머리 나귀다리로 지금도 도량청소 끝나지 않네. 생활용품은 좋든 나쁘던 아껴야 하고 사용 시엔 조용히 살살 다스려 거친 맘에 어지럽게 내던지지 말라. 사용자는 알지라. 정리하기 성가신 걸. 제방에 공양시봉 성실하고 살뜰하며 이런저런 울력을 싫어하지 말고 할 일이 많아도 신중을 기해야 몸과 마음 다 함께 참된 출가인 이라. 주먹으로 치고 박고해선 안 되고, 거칠고 난폭함은 출가심이 아니라 누가 네 얼굴에 침을 뱉어도 내색없이 가만히 닦을 것이며, 못된 짓 용서함이 끝내 바보가 아니니라. 출가자는 말과 행동이 일치해야 하고 조심함이 늘 살얼음 걷듯, 이리하여 아직은 삭발염의 안했어도 몸과 마음은 아니 벌써 스님과 같음이라.

⑩ 굉지 선사 시중(법문)
북망산北邙山 새 묘지 하나 없이 나이 젊은 사람이라.
수행함에 내일 내일 미루지 말라.
생사生死 대사大事 시급함을 알아야 하니

지옥고통 길고 긴데 허송세월 왠말이냐?

도업을 못 이루면 그 무엇에 의지하랴?

이 한 몸 잃고 나면 어느 때 몸을 받으랴.

앞길이 참참하고 험하기도 하니

쉴 새 없이 스스로 도道를 찾을지어다.

⑪ 전법게

한없는 세월따라 경장經藏 받들고

이 한몸 책상과 좌복 되어(床座를 떠나지 않음).

대천계에 두루한 대도(언제 어디서나 쉼 없는 정진 貌)

법륜 굴려 중생제도 못한다면야

끝내 보은자報恩者가 되지 못하리.

⑫ 황벽선사 게

번뇌해탈 예사론 일 아니라

화두에 한 목숨 걸지니

칼날기운 골수에 사무침 없이

코를 찌르는 매화 향 어찌 얼으랴.

⑬ 둔암 조주 선사 송

아름다운 여인 잠에서 깨어나자

나른한 몸짓으로 단장을 함에

금비녀만 뚝 꽂고 화장을 끝내도
타고난 그 자태姿態 천하일색이더라.
분, 연지 안 발라도 매력이 넘치도다.

一. 전기

1. 초 야차지난(야차의 재앙을 벗어남)

　　옛날 어느 나라 산사에 한 나이어린 비구가 늘《법화경》을 독송하였는데 하루는 절 밖에서 포행하고 있는 중에 홀연히 한 아름다운 나찰녀를 만났다. 그가 화化하여 나무랄데 없는 아름다운 여인이 되어 와서 그 비구를 자꾸 유혹했다. 드디어 그녀의 유혹에 넘어가 결국 정을 통하게 되었다. 통교通交 후 정신이 혼미하고 아무런 의식이 없어지자 나찰녀가 그를 업고 날아 자기의 처소로 가서 잡아먹으려고 한 절의 상공을 지나치는데 비구가 업힌 나찰녀의 등에서《법화경》독송소리를 듣고 정신이 들어 마음속으로 따라 읽으니 나찰녀(귀신)가 등에 업은 것이 갑자기 무거워져 점차 지상으로 내려앉아 그를 버리고 갔는지라. 그 비구가 종소리를 듣고 절을 찾아들어 그간에 겪은 일의 전말을 당사 스님들에게 애기했다. 대략 헤아려보아도 그가 살았던 절과의 거리가 이천 여리나 되었다. 대중이 이르길 이 비구가 지은 죄는 중하여 함께 살 수 없다고 하는데 한 구참 상좌가 이르길 귀녀에게 잠시 유혹되었을 뿐 비구 자신의 본심 탓이 아니라 이미 이같이 그런 유혹에서 벗어나 정말 《법화경》의 위력을 증명했으니 절에 그대로 머물며 참회하도록 했도다.

후에 전에 있었던 절에서 소식이 와서 사중의 허락 하에 돌아가게 되었도다.

2. 계 호용지죄(삼보물 용처 전용을 경계함)

운개 지선사가 종일 오던 비가 개임에 싸늘한 달빛이 희미하게 비치는 어느 날 저녁 방장실에서 편히 앉아 삼매에 들어 이경二更이나 되었을까. 그때 홀연히 살을 굽고 태우는 냄새가 나는가 쉽더니 갑자기 목에 씌운 칼과 발목을 채운 족쇄 끄는 소리가 들리는 지라. 문을 열고 바라보니 모습이 여느 때와는 달리 목에 칼을 쓴 채 포승捕繩을 했고, 칼에서 불꽃이일다가 사라지기도 하면서 방장실 앞에서 칼 끝으로 문지방을 기대고 섰는지라. 지선사가 그것을 보고 담담히 물었다. 그대는 뉘신데 어찌 그와 같이 고통스러워하는고? 칼을 쓰고 있는 이가 답했다.

나는 이절의 전주지 수옹이요, 지선사는 대경실색한 채 물었다. 그대가 이 절에 살아있을 때 사우寺宇을 일신一新했고 그대의 도풍이 멀리까지 전파되었으며 마음으로 제 번뇌를 끊고 공덕을 완성시키는 색계 제4 선정심으로 매사를 잘 처리했거늘 어찌하여 이와같이 고통을 받으시오?

망亡 수옹승이 대답했다.

내가 살아생전 이십여 년 간 주지 집무 중 스님 네의 공양 시주물을 유용한 적이 없었는데 승당 불사 시 대중의 시주공양물을 유용하고 미처 채워 메우지 못한 과보로 이처럼 고통을 받고 있나이다.

지선사가 물었다.

내가 그대를 위해 어떻게 해야 그대가 그 고통에서 벗어날 수 있으리오.

망 수옹이 대답했다.

바라옵건데 자비심으로 그 승당을 되팔아 그 돈으로 대중의 공양에 충당해 주옵소서.

지선사가 물었다.

승당 불사 건은 꽤나 오래된 일인데 무엇으로 증명할 수 있소?

망 수옹이 대답했다.

그 당시에 불사를 끝내고 곧장 대중 공양설판에 충당코자 했으나 불사준공 후 얼마되지 않아 내가 천화遷化하게 되었소이다. 그때 헌 궤에다 단월의 시주 명단을 담아 공방의 어두운 시렁 위에 올려놨는데 다행히도 지금도 그대로 있는 줄 알고 있소이다. 그래서 다음 날 대중을 운집시켜 예의 그 곳간으로 가보니 과연 그대로 내역이 적힌 명단이 그대로 남아 있었다.

망 수옹이 남긴 의류와 바루, 그리고 승당을 경매하여 마침내 대중공양 설판에 충당하니 오년간 대중공양에 흡족했느니라.

그런 일이 있은 후 지선사의 꿈에 망 수옹이가 나타나 감사해 하되 선사의 도움으로 다행히 지옥고를 면하게 되었으며 내세에 사람으로 태어나 삼세 후에 다시 출가사문이 되겠노라고 했다.

이로써 미루어 보건대 대중의 공양물을 유용해 승당을 지어 미처 제 때 충당하지 못해도 오히려 이런 고통을 받거늘 현하現下 인과를 무시하는 자가 삼보용물을 맘대로 유용하고 심지어 상주물을 훔치기도 하여 사유물로 삼는다면 어떻게 되겠는가?

망 수옹같은 눈 맑은 사람도 호용죄를 범하여 갖은 고통을 다 받았는데 하물며 온갖 욕망에 사로잡힌 하열 중생이 삼보물을 취하여 사용한다면 그 죄 값을 어이 면할 수 있을꼬?

동산 연공선사는 도품道品이 고결했는지라. 동산에서 오봉산으로 거처를 옮겨와 하루는 불집개가 동산에서 썼던 것과 조금도 다름이 없음을 알고 그의 수하 권속에게 묻기를 이 불집개는 동산의 방장실에서 쓴 것이 아닌가? 권속이 그렇다고 아뢰었다. 거기나 여기나 다 같은 상주물이라 잘못이 없는 줄 알고 가지고 왔습니다.

연공선사가 말했다. 너희들은 무지하기 이를 데 없구나. 인과에 호용의 죄보가 있는 줄 어찌 모르느냐?

그리하여 당장 급히 원위치로 돌려보내게 했다.

3. 변 구명지보(생명구한 보답을 말함)

수신기란 책에서 말했다. 옛날 수나라 한 지방의 차수란 냇가에 단사구라고 불리는 구릉이 있었는데 수후란 사람이 큰 뱀 한 마리가 목동에 의해 크게 상처 난 걸 보고 그 뱀의 신령스러운 기를 느껴 약을 발라주어 놓아 주었더니 그로 인하여 뱀 상처를 치료한 곳을 그 때 사람들은 단사구라고 이름했도다.

그런 일이 있은 뒤 몇 년이 지나서 그 뱀이 진주구슬을 입에 물고와 수후에게 보답했으니 그 진주의 직경이 수촌이나 될 만큼 컸고 질이 아주 수승하여 밤이면 빛이나 수백 리까지 비쳤다하도다. 이를 일러 수후주라하고 또한 야광주 혹 영사주라 했느니라.

4. 경 다언지실 (수다의 허물을 경계함)

옛 사람은 이와 같이 시를 읊었다.

삼신산의 안개 서리 맞은 쑥이 아니면 아무리 삶아도
나는 죽지 않는다.
자기가 말한 비법으로서 죽게 되니 차라리 입 다문 채
뜨거운 가마솥 속에서 죽으리.

이 내용과 유사한 것이 또 있느니라.

송나라 때 유경숙 저 괴기 소설집인 이원異苑에서 이렇게 쓰고 있다.

동오東吳 주상主上 손권 때의 일이니라. 어떤 이가 산에 갔다가 큰 거북이를 만나 곧장 그놈을 꽁꽁 묶어 집으로 갖고 왔는데 희한하게도 사람말로 오늘 일진이 좋지 않는 날에 놀러갔다가 그만 당신께 사로잡히게 되었다고 했다. 그 사람이 이 말을 듣고 기이하게 여겨 배에 싣고 가 오왕에게 상납하고 싶어 하룻밤을 새우고 마을을 떠날까 하고 배를 큰 뽕나무에다 걸어놨는데 밤에 그 뽕나무가 거북이를 소리 내어 불렀다.

"수고가 많으시군. 거북이 나리 어찌 별 일은 없으신가?"

거북이가 말했다.

"누굴 놀리시오. 보다시피 나는 지금 이렇게 꽁꽁 묶여 곧장 푹 삶겨 죽을 운명이외다. 하지만 내가 누군가. 남산의 땔감을 다 가져다 지펴도 나를 팽살烹殺하지 못하지. 단지 제갈 원손만은 박학다식博學 多識하여 나를 고통에 빠지게 하리라."

뽕나무가 말했다. "만약 당신을 구해준다면 우리들은 장차 어떻게 화를 모면할 수 있다고 생각하시오?"

거북이가 말했다.

"실없는 소리 작작하시오. 화가 네게도 미치겠지. 그래서 뽕나무는 그만 잠잠히 말을 멈췄다."

이윽고 왕궁에 도달하자 곧장 손권이가 거북이를 큰 가마솥에 넣어 삶기를 명하니 땔감을 수만 차분을 지펴도 처음과 조금도 변함이 없었다. 이를 본 제갈 각(원손)이 진언했다. "늙은 뽕나무를 베어다 때면 금방 푹 삶길 것입니다." 이 말에 공상자貢上者도 거북과 뽕나무끼리 주고받았던 얘기를 거듭 말함에 손권이 뽕나무를 베어다 삶게 하니 바로 곧장 푹 삶겨 버렸다고 하니라.

또한 같은 내용의 이런 구절도 있도다. 세상에 공명을 구함엔 목안木雁(나무 기러기, 유용과 무용을 비유)을 참조하고 한가히 담소 중에도 상귀桑龜를 경계하라고.

주註(풀이한 말)라. 훌륭한 나무는 제목으로 쓰이기에 베이기 쉽고(곧 유능, 유용해서 해를 쉬이 당함) 반면에 기러기는 울지도 못하는 놈이 쉬이 죽임을 당하게 되도다.(무능, 무용해서 해를 당함), 장자莊子에 나오는 말이니라.

5. 명 석자지익 글자를 귀중히 여긴 선과

송 왕朱王 기공의 아버지는 글씨가 써진 종이가 땅에 떨어진 것을 보면 어김없이 주위 향기로운 물로 씻어 말려 깨끗한 불에 태워버렸다. 그러던 어느 날 밤 꿈에 선연히 성인聖人이 나타나 자기의 등을 어루만지며 말했다.

그대는 내가 쓴 종이를 아끼고 중히 여겨 진심으로 감사하도다. 한스러운 것은 그대는 이미 연로하여 이상 더 무엇을 성취할 수 없나니 훗날 증삼이가 그대의 집에 태어나서 집안을 크게 일으키리라. 그런 후에 얼마가지 않아 정말로 아들 하나를 보게 되었으니 그의 이름을 왕삼이라 하였다. 약관(이십세 전후)에 벌써 과거에 장원급제로 선발되었으니 그가 바로 기공이니라.

이로써 미루어 보건대 글자 적힌 종이를 마구 내버리거나 짓밟지 말아야 하니라.

시詩로 읊어보노니

세간 문자 장경과 같나니
보는 자 불에 태우거나 맑은 물에 부쳐
정처淨處에 묻으면 그대가 받을 수복壽福 무량하리라.

6. 창 건지옥지복 스님에게 토굴 지어준 복을 말함

인효 권선서에서 말했도다.

옛날에 유위불(과거 칠불 중 제일불 곧 비바시불)이 육만 이천 비구와 함께 산을 나와 부왕의 나라로 갔다. 부왕이 그들을 맞아 성 밖에 마땅한 땅을 정해 집을 지어 머물게 했다. 한 비구가 마음에 차지 않아 주위 여염집에 청해 집을 지으려 함에 당해 집 남자가 허락하지 않자 그 집 노모가 손수하여 집이 완성되자 열 손가락이 다 부릅뜰 정도였다.

해당 비구가 방 가운데 앉아 참선하는데 어느 날 밤에 화광삼매 火光三昧에 드니 온 집이 큰 불빛을 띄우는지라. 그 단월 노모가 멀리 바라보면서 마음속으로 탄식했다. 집지은지 얼마 되지도 않는데 불이 나다니 어찌 이리도 박복한고? 막상 허겁지겁 가까이 달려가 보니 집은 지은 것 그대로 멀쩡한 채 다만 화광火光 중에서 스님이 삼매에 든 모습만이 보였다.

노모가 이 생에서 수를 다하고 하늘나라에 태어났는데 석가모니가 성불 시에 그녀가 하늘에서 예를 다 못해 지상으로 내려와 부처님께 아뢰었다. 내일 제가 부처님과 비구들에게 공양 올리고자 하옵니다. 부처님이 조용히 그 청공請供을 받아드렸도다. 그와 거의 동시에 파사닉왕이 사람을 보내어 부처님을 공양에 청하거늘 이미 천공을 수락했다고 부처님이 말씀하셨다. 왕이 가만히 생각하니 천인이 부처님께 공양올리는 것을 일찍이 본 바가 없거늘 무슨 인연으로 이럴까 싶어 그날 사람을 보내 상황을 살펴보게 했는데 도저히 공물을 차리는 모습이 보이지 않았다. 해가 정오가 가까워도 잠잠하기에 왕이 명하여 공수供需를 배설토록 했다. 만약 공설할 사람이 없으면 그가(왕이) 마땅히 공양 올리려고 생각했도다. 정오경이 되어 천인이 내려왔는데도 끝내 공수물供需物을 가지고 오지 않고 다만 천녀들이 풍악을 잡으며 부처님께 예를 올리는 중 한 천녀가 때가 다 되었음을 부처님께 아뢰었습니다. 그리고 나서 천인이 수건을 높이 쳐드니 모든 것이 다 갖추어져 있었도다. 참재자參齋者들에게 손 씻을 물을 다 돌린 후 손을 들어 주방에서 내어오게 하니 온갖 맛있는 음식과 정갈하고 달콤한 물이 자연히 땅위로 솟아났도다. 천인이 손수 행공行空(공양물 돌림)하니 대중이 모두 만족했다.

파사닉왕이 이 광경을 보고 놀란 나머지 부처님께 아뢰길 "이 여자는 무슨 복을 지었길래 이같이 세인들이 부러워할 정도의 수승한 공덕을 입었나이까?"

부처님이 그 왕을 위해 말씀하셨다. "전세에 한 비구를 위해 거처할 집을 손수 지어준 공덕으로 하늘에 태어나 구십일 겁이 지났는데도 아직껏 그 과복이 끝나지 않았도다."

二. 계고 (옛 것을 헤아려봄)

1. 득수득피 得髓得皮 골수를 얻고 가죽을 얻다

달마대사가 소림굴에서 9년을 면벽묵언한 후 본국(인도)으로 돌아가고자 할 즈음 문인門人들을 보고 말씀하셨다. 때가 바로 이르렀도다. 어찌 각자 공부한 것을 말해 보지 않는고?

도부 수좌가 말했다. 제가 알기론 문자에 집착하지 않고 동시에 그것을 버리지도 않음을 도道의 본질로 아옵니다.

대사께서 감평鑑評하셨다. 너는 나의 살가죽을 터득했다.

총지니(양무제의 딸 출신) 수좌가 말했다.

"제가 지금 알기로는 아난존자가 아촉불국토(동방불국토)를 한번 보고는 두 번 다시 보지 않는 것입니다." 달마대사가 감평하셨다.

"너는 내 살을 얻었구나."

도육수좌가 말했다.

"저의 견처見處로는 가히 얻을 법이라곤 하나도 없다하겠습니다."

대사께서 평단評斷하셨다.

"너는 내 몸의 골격을 얻은 셈이다."

마지막에 혜가 수좌가 대사 앞으로 나와 삼배하고 본 자리로 돌아가 섰도다.

대사께서 말씀하셨다.

"너야말로 내 골수를 얻은 격이로다."

2. 비석점기飛錫點基 석장 날려 터를 잡다

서주의 잠산은 산세가 아주 빼어나고 산기슭이 절경이라고 세상에 평이 났도다.

지공과 백학도인이 서로 그 곳에 터 잡아 살려고 하여 함께 양무제에게 주청奏請함에 무제가 두 사람으로 하여금 여기에서 각각 무슨 물건으로 그곳의 살만한 곳을 표시하게 하여 먼저 차지한 자로 하여금 거주케 했느니라. 그래서 도인이 먼저 백학을 날려 보냈고 지공은 다음을 이어 짚고 있던 석장(주장자)을 공중으로 던져 날려 보내니 석장이 먼저 잠산에 닿아 우뚝 꽂혔는데 그곳에서 단물이 풍풍 쏟아져 나왔도다. 결국 지공이 암자를 지어 편히 거주했느니라.

왕양명이 다음과 같이 시로 읊었다.

험지든 평지든 생장엔 지장 없나니
뜬구름 허공 지나는듯하네
밤 깊어 파도소리 삼만리나 울려 퍼지고
달 밝은 밤 날린 석장 하늘바람 내린듯하네

황매천이 순천 선암사에 써놓은 시에 아래와 같이 노래했다.

깊은 산골 울리는 종소리 온 누리 퍼지고
긴긴 세월 법등은 꺼지지 않고
석장 날려 세운 곳 감천甘泉되어 흐르고
교화 중 틈내어 숲 찾아 배회하고
훌륭한 침상에 창문들은 아름답고
먼 하늘 구름 걷히니 달빛이 쏟아지고
향평은 백발이라도 세월은 한없고
장생선약 구하다가 그에게 주고 싶어라

(향평: 자식 혼사로 백발된 이)

3. 석장해호 錫杖解虎 주장자로 호랑이 싸움 말림

제나라 때 스님 혜조가 회주 왕옥산에서 호랑이가 싸우는 소리
를 듣고 다가가 짚고 있던 석장으로 싸움을 뜯어 말렸다. 그로인해 다
음과 같이 시를 지어 읊었다.

본래 스스로 명예를 구하지 않았는데
바야흐로 명예가 나를 구하게 되었네
벼랑 앞서 호랑이 싸움 그치게 해도
수행지위 아라한과에 지장만 될 뿐이네

　담순이가 산행하다가 두 호랑이가 여러 날을 두고 싸움이 그치
지 않음을 보고 드디어 주장자를 잡고 서로 갈라놓으며 일렀도다.
　같은 숲속에서 같이 살면서 생각이 어찌 그리 다른가? 각각이 길
을 달리해 갈지어다. 이 말 끝에 두 호랑이는 머리를 숙인 채 가르침
을 받고 각기 제 갈 길로 떠났니라.

시왈詩曰

창가에 세워둔 석장
호랑이 싸움 그치게 하고
침상 밑 바루때에
성난 용龍 담았네

한글 치문 大尾

(정선현토) 치문

오성비구 환주 영중 편집

소백두타 진호 석연 현토

해동사문 백암 성총 주해

설호산인 초우 영세 교열